RASA OMAN YANG KAYA

100 Resipi Meraikan Citarasa Asli Masakan Oman

JANE YAM

Bahan Hak Cipta ©2023

Hak cipta terpelihara

Tiada bahagian buku ini boleh digunakan atau dihantar dalam apa jua bentuk atau dengan apa cara sekalipun tanpa kebenaran bertulis yang sewajarnya daripada penerbit dan pemilik hak cipta, kecuali petikan ringkas yang digunakan dalam semakan. Buku ini tidak boleh dianggap sebagai pengganti nasihat perubatan, undang-undang atau profesional lain.

ISI KANDUNGAN

ISI KANDUNGAN	3
PENGENALAN	6
SARAPAN	**8**
1. ROTI OMAN (KHUBZ RAGAG)	9
2. OMAN CHEBAB (PENKEK)	11
3. OMAN SHAKSHUKA	13
4. OMAN LABAN (YOGURT) DENGAN KURMA	15
5. TELUR DADAR ROTI OMAN	17
6. KHABEESA OMAN	19
7. YOGURT DAN SMOOTHIE KURMA	21
8. SARDIN OMAN DAN UBI KENTANG	23
9. OMAN FUL MEDAMES	25
10. KEJU OMAN PARATHA	27
11. ROTI LEPER MALDOUF OMAN	29
KUDAPAN DAN PEMBUAT PEMAPIS	**31**
12. PINGGAN KURMA ANEKA	32
13. PELANGGARAN OMAN	34
14. SAMOSA	36
15. KEREPEK KHUBZ (ROTI PIPI) OMAN	39
16. KURMA OMAN DENGAN BADAM	41
17. DAUN ANGGUR SUMBAT OMAN (WARAK ENAB)	43
18. OMAN LAHM BI AJEEN (PAI DAGING)	45
19. OMAN FALAFEL	47
20. BAYAM OMAN FATAYER	49
21. HALLOUMI BAKAR OMAN	51
KURSUS UTAMA	**53**
22. SUP OAT OMAN (SHORBA)	54
23. QABULI (AFGHAN RICE PILAF)	56
24. MASHUAI TRADISIONAL OMAN	58
25. NASI MANDI DENGAN AYAM	60
26. MAJBOOS (NASI BEREMPAH OMAN DENGAN AYAM)	62
27. HARE AYAM SATU PERIUK TRADISIONAL	64
28. HARE IKAN OMAN	66
29. AYAM SHAWARMA	68
30. OMAN SHUWA	71
31. OMAN MISHKAK	74
32. AYAM KABSA	76
33. OMAN ARSIA	79
34. BIRYANI AYAM OMAN	82
35. KARI IKAN OMAN (SALOONAT SAMAK)	85
36. OMAN LAMB KABSA	87
37. SALOONA SAYUR OMAN	89
38. MANDI LAMB OMAN	91
39. OMAN LAMB KABULI	93

40. Kofta Oman dengan Sos Zucchini 95
41. Madrouba 97
42. Ayam dengan Bawang dan Nasi Pelaga 100
43. Bebola Daging Lembu dengan Kacang Fava dan Lemon 103
44. Bebola Daging Domba dengan Barberi, Yogurt dan Herba 106
45. Barli Risotto dengan Perap Feta 109
46. Ayam panggang dengan clementines 111
47. Mejadra 114
48. Kuskus dengan tomato dan bawang 117

SUP 119

49. Sup Lobak Merah Panggang dengan Rempah Dukkah 120
50. Marak Samak (Sup Ikan Oman) 123
51. Shorbat Adas (Sup Lentil Oman) 125
52. Shorbat Khodar (Sup Sayur Oman) 127
53. Sup Ayam Limau 129
54. Harira (Sup Chickpea Berempah Oman) 131
55. Shorbat Hab (Sup Lentil dan Barli Oman) 133
56. Shurbah Sayur Oman 135
57. Sup Ikan Tomato Oman 137
58. Kari Ikan Lemon Oman-Balochi (Paplo) 139
59. Sup selada air dan kacang ayam dengan air mawar 141
60. Yogurt panas dan sup barli 143

SALAD 145

61. Salad Makanan Laut Oman 146
62. Salad Tomato dan Timun Oman 148
63. Salad Bayam dan Delima Oman 150
64. Salad Chickpea Oman (Salatat Hummus) 152
65. Salad Tabbouleh Oman 154
66. Oman Fattoush Salad 156
67. Salad Kembang Kol, Kacang, dan Beras Oman 158
68. Salad Kurma Oman dan Walnut 160
69. Lobak Oman dan Salad Oren 162
70. Salad Quinoa Oman 164
71. Salad Ubi Ubi Oman dan Yogurt 166
72. Salad Kubis Oman 168
73. Salad Lentil Oman (Iklan Solat) 170

PENJERAHAN 172

74. Puding Air Mawar Oman (Mahalabiya) 173
75. Omani Halwa (Pencuci mulut Jeli Manis) 175
76. Oman Mushaltat 177
77. Kek Kurma Oman 180
78. Puding Qamar al-Din Oman 182
79. Puding Beras Pelaga 184
80. Oman Luqaimat (Ladu Manis) 186
81. Oman Rose Cookies (Qurabiya) 188
82. Pisang Oman dan Tart Kurma 190

- 83. Aiskrim Safron Oman ...192
- 84. Oman Cream Karamel (Muhallabia) ...194

MINUMAN ...196
- 85. Kashmir Kahwa ...197
- 86. Oman Sherbat ...199
- 87. Omani Mint Lemonade (Limon w Nana) ...201
- 88. Oman Sahlab ...203
- 89. Jus Tamarind Oman (Tamar Hindi) ...205
- 90. Oman Rosewater Lemonade ...207
- 91. Oman Jallab ...209
- 92. Susu Saffron Oman (Haleeb al-Za'fran) ...211
- 93. Smoothie Kurma Pisang Oman ...213
- 94. Mocktail Delima Oman ...215
- 95. Lemonade Saffron Oman ...217
- 96. Oman Cinnamon Kurma Goncang ...219
- 97. Oman Coconut Cardamom Shake ...221
- 98. Teh Hijau Minty Oman ...223
- 99. Teh Ais Bunga Oman Oman ...225
- 100. Penyejuk Pudina Delima Oman ...227

PENUTUP ...229

PENGENALAN

Mulakan bersama kami dalam perjalanan yang luar biasa melalui halaman "Rasa oman yang kaya" sebuah pengembaraan masakan yang menarik anda untuk meneroka dan menikmati citarasa asli masakan Oman. Buku masakan ini berdiri sebagai penghormatan kepada permaidani yang kaya dengan perisa Kesultanan, mozek bertenaga yang menyatukan tradisi masakan yang pelbagai yang bergema selama berabad-abad.

Tutup mata anda dan bayangkan kedai-kedai yang sibuk, degupan jantung budaya masakan Oman. Bayangkan pasaran rempah ratus aromatik di mana wangian menari di udara, menggoda deria anda dengan janji-janji campuran rempah yang rumit yang telah dihargai sejak turun temurun. Bayangkan dapur keluarga, di mana alkimia masakan Oman terbentang—ruang suci di mana kesenian makanan diturunkan melalui masa, generasi ke generasi.

Dalam halaman buku masakan ini, setiap resipi berfungsi sebagai bukti hidup kepada tradisi yang berakar umbi yang menyelitkan setiap hidangan dengan naratif. Ia adalah kisah warisan, pujian kepada komuniti dan perayaan cinta yang mendalam yang terhasil dalam menghasilkan setiap gigitan yang beraroma. Rasa Oman adalah lebih daripada pengalaman yang menggembirakan; mereka adalah penerokaan kekayaan budaya, perjalanan ke hati negara yang diceritakan melalui ciptaan masakannya.

Daripada aroma rempah Oman yang tersendiri yang membawa anda ke pasaran yang meriah, kepada persembahan seni hidangan tradisional yang menceritakan kisah perhimpunan dan hidangan bersama, buku masakan ini mengatasi perkara biasa. Ia bukan sekadar kompilasi resipi; ia adalah penerokaan budaya yang mengasyikkan, perjalanan ke dalam jiwa dapur Oman. Sama ada anda seorang tukang masak berpengalaman yang ingin mengembangkan repertoir anda atau orang baru yang ingin tahu yang ingin mendalami dunia perisa Oman, biarkan buku ini menjadi teman panduan anda.

Jadi, sertai kami dalam ekspedisi berperisa ini—pelayaran yang memberi penghormatan kepada keaslian, kepelbagaian dan cita rasa masakan Oman yang tiada tandingannya. Semoga dapur anda menjadi kanvas untuk aroma dan perisa yang telah menghiasi isi rumah Oman selama beberapa generasi. Bersama-sama, marilah kita meraikan keindahan kepelbagaian masakan, dan semoga perjalanan anda melalui "Rasa oman yang kaya" dipenuhi dengan kehangatan layanan Oman dan kegembiraan yang datang daripada menerokai isi hati dan jiwa warisan masakan yang luar biasa ini. Selamat datang ke dunia di mana setiap hidangan adalah satu bab dalam kisah perisa Oman.

SARAPAN PAGI

1.Roti Oman (Khubz Ragag)

BAHAN-BAHAN:
- 2 cawan tepung
- 1 sudu kecil garam
- air

ARAHAN:
a) Dalam mangkuk besar, satukan tepung dan garam, kacau bersama.
b) Masukkan air secara beransur-ansur ke dalam adunan tepung, pastikan adunan sebati. Laraskan kuantiti air berdasarkan tekstur akhir yang diingini:
c) Untuk roti nipis seperti krep, tambahkan secawan air, teruskan sehingga konsistensi lebih nipis daripada adunan pancake, membenarkan ia dituangkan di atas kuali.
d) Untuk roti yang lebih tebal, seperti pita, tambahkan kira-kira ½ cawan air pada mulanya, bertujuan untuk ketebalan doh yang serupa dengan doh roti tradisional. Air tambahan mungkin diperlukan, tetapi tambahkannya secara berperingkat dan uli hingga sebati untuk mengesahkan keperluan.
e) Panaskan kuali besar, sebaiknya besi tuang yang dibumbui, di atas api yang sederhana tinggi.
f) Jika menggunakan doh yang lebih nipis, tuangkan ke dalam kuali, pusing-pusing untuk menyalut permukaan dengan nipis. Nota: Dengan kaedah ini, hanya satu roti boleh dibuat pada satu masa.
g) Jika menggunakan doh yang lebih tebal, picitkannya menjadi bebola kecil dan ratakan dengan tapak tangan sebelum dimasukkan ke dalam kuali. Menggunakan kaedah ini, pelbagai roti boleh dimasak serentak, bergantung pada saiznya.
h) Untuk versi nipis, masak selama lebih kurang seminit. Setelah bahagian tengah menjadi pejal, gunakan spatula untuk membalikkannya selama 30 saat lagi. Pindahkannya ke dalam pinggan dan ulangi proses dengan adunan yang tinggal.
i) Untuk versi yang lebih tebal, masak lebih lama daripada seminit. Apabila tepi mula mengeras, balikkan dengan spatula dan masak selama 30 saat hingga 1 minit tambahan. Setelah selesai, alihkan ke pinggan dan ulangi dengan adunan yang tinggal.
j) Hidangkan Roti Oman hangat, sama ada secara bersendirian atau bersama hidangan pelengkap. Nikmati!

2.Chebab Oman (Penkek)

BAHAN-BAHAN:
- 2 cawan tepung
- 1/2 cawan semolina
- 1/2 cawan gula
- 1/2 sudu teh yis
- 2 cawan air suam
- Minyak sapi untuk memasak

ARAHAN:
a) Dalam mangkuk, campurkan tepung, semolina, gula, yis, dan air suam untuk membentuk adunan. Biarkan ia berehat selama sejam.
b) Panaskan griddle atau kuali dan gris dengan minyak sapi.
c) Tuangkan senduk adunan ke atas griddle dan masak sehingga timbul buih di permukaan.
d) Balikkan pancake dan masak sebelah lagi sehingga perang keemasan.
e) Hidangkan hangat bersama madu atau sirap kurma.

3. Oman Shakshuka

BAHAN-BAHAN:
- 4 biji telur
- 1 biji bawang, dicincang halus
- 2 biji tomato, potong dadu
- 2 ulas bawang putih, dikisar
- 1 lada benggala merah, dicincang
- 1 cili hijau, dihiris
- Campuran rempah Oman
- Garam dan lada sulah, secukup rasa
- Ketumbar segar, dicincang

ARAHAN:
a) Dalam kuali, tumis bawang besar, bawang putih, lada benggala, dan cili hijau hingga empuk.
b) Masukkan tomato dadu dan campuran rempah Oman. Masak sehingga tomato lembut.
c) Buat perigi dalam campuran dan pecahkan telur ke dalamnya.
d) Tutup kuali dan masak sehingga telur masak mengikut citarasa anda.
e) Perasakan dengan garam, lada sulah, dan ketumbar segar sebelum dihidangkan.

4.Oman Laban (Yogurt) dengan Kurma

BAHAN-BAHAN:
- 2 cawan yogurt biasa
- 1/2 cawan kurma, diadu dan dicincang
- 2 sudu besar madu
- Badam atau walnut, dicincang (pilihan)
- Buah pelaga yang dikisar, untuk perisa

ARAHAN:
a) Pukul yogurt biasa hingga rata.
b) Campurkan kurma cincang dan madu.
c) Hiaskan dengan kacang cincang dan taburan buah pelaga yang dikisar.
d) Sejukkan seketika sebelum dihidangkan untuk rasa yang menyegarkan.

5.Telur Dadar Roti Oman

BAHAN-BAHAN:
- 4 roti Oman (Rukhal)
- 4 biji telur
- 1/2 cawan bawang besar dipotong dadu
- 1/2 cawan tomato potong dadu
- 1/4 cawan pasli cincang
- Garam dan lada sulah, secukup rasa

ARAHAN:
a) Pukul telur dalam mangkuk dan perasakan dengan garam dan lada sulah.
b) Panaskan kuali dan masukkan bawang besar dan tomato yang dipotong dadu, tumis hingga lembut.
c) Tuangkan telur yang telah dipukul ke atas sayur-sayuran dan biarkan ia masak sehingga mengembang tepi.
d) Taburkan pasli cincang dan lipat telur dadar.
e) Hidangkan telur dadar di dalam roti Oman.

6.Khabeesa Oman

BAHAN-BAHAN:
- 2 cawan semolina
- 1 cawan gula
- 1/2 cawan minyak sapi
- 1 cawan yogurt
- 1 sudu teh buah pelaga yang dikisar
- 1/2 cawan kismis (pilihan)
- Air, mengikut keperluan

ARAHAN:
a) Dalam mangkuk, campurkan semolina, gula, minyak sapi, yogurt, dan buah pelaga.
b) Masukkan air secara beransur-ansur untuk membentuk adunan pekat.
c) Panaskan kuali dan tuangkan bahagian kecil adunan untuk membuat penkek.
d) Masak sehingga kedua-dua bahagian berwarna perang keemasan.
e) Hiaskan dengan kismis jika mahu.
f) Hidangkan hangat.

7. Yogurt dan Smoothie Kurma

BAHAN-BAHAN:
- 1 cawan biji kurma
- 1 cawan yogurt
- 1/2 cawan susu
- 1 sudu besar madu
- kiub ais

ARAHAN:
a) Dalam pengisar, satukan kurma, yogurt, susu dan madu.
b) Kisar hingga sebati.
c) Masukkan kiub ais dan gaul lagi sehingga smoothie mencapai konsistensi yang anda inginkan.
d) Tuangkan ke dalam gelas dan hidangkan sejuk.

8.Sardin Oman dan Ubi Kentang

BAHAN-BAHAN:
- 2 tin sardin dalam minyak, toskan
- 3 kentang sederhana, dikupas dan dipotong dadu
- 1 biji bawang, dicincang halus
- 2 biji tomato, potong dadu
- 2 ulas bawang putih, dikisar
- 1 sudu teh jintan kisar
- 1 sudu teh ketumbar kisar
- Garam dan lada sulah, secukup rasa
- Minyak zaitun untuk memasak
- Ketumbar segar untuk hiasan

ARAHAN:
a) Dalam kuali, panaskan minyak zaitun dan tumis bawang merah dan bawang putih yang telah dicincang hingga layu.
b) Masukkan kentang yang dipotong dadu dan masak sehingga mula keperangan.
c) Kacau dalam jintan kisar, ketumbar, garam dan lada sulah.
d) Masukkan tomato potong dadu dan masak hingga hancur.
e) Masukkan ikan sardin perlahan-lahan, berhati-hati agar tidak pecah terlalu banyak.
f) Masak hingga kentang empuk dan rasa sebati.
g) Hiaskan dengan daun ketumbar segar sebelum dihidangkan.

9.Oman Ful Medames

BAHAN-BAHAN:
- 2 cawan kacang fava masak
- 1/4 cawan minyak zaitun
- 1 biji bawang, dicincang halus
- 2 ulas bawang putih, dikisar
- 1 biji tomato, potong dadu
- 1 sudu teh jintan kisar
- 1 sudu teh ketumbar kisar
- Garam dan lada sulah, secukup rasa
- Pasli segar untuk hiasan
- Telur rebus untuk hidangan (pilihan)
- Roti rata atau pita untuk dihidangkan

ARAHAN:
a) Dalam kuali, panaskan minyak zaitun dan tumis bawang merah dan bawang putih yang telah dicincang hingga layu.
b) Masukkan tomato potong dadu dan masak hingga hancur.
c) Kacau dalam jintan kisar, ketumbar, garam dan lada sulah.
d) Masukkan kacang fava yang telah dimasak dan masak sehingga panas.
e) Tumbuk beberapa kacang untuk menghasilkan tekstur berkrim.
f) Hiaskan dengan pasli segar.
g) Hidangkan dengan telur rebus di sebelah jika dikehendaki, dan disertakan dengan roti rata atau pita.

10.Keju Oman Paratha

BAHAN-BAHAN:
- 2 cawan tepung serba guna
- 1 cawan keju Oman parut (seperti Majestic atau Akkawi)
- Air, mengikut keperluan
- Minyak sapi atau mentega, untuk menggoreng

ARAHAN:
a) Campurkan tepung dan keju parut dalam mangkuk.
b) Masukkan air secara beransur-ansur untuk membentuk doh yang lembut.
c) Bahagikan doh kepada bebola kecil dan canai setiap satu ke dalam cakera yang nipis dan rata.
d) Masak parathas pada griddle dengan minyak sapi atau mentega sehingga kedua-dua bahagian berwarna perang keemasan.
e) Hidangkan hangat.

11.Roti Leper Maldouf Oman

BAHAN-BAHAN:
- 2 Cawan Tepung Gandum Penuh
- Garam secukup rasa
- 1/4 Cup Ghee (Clarified Butter) Untuk Menggoreng Cetek
- Air Untuk menguli doh
- 8-14 1/2 Cawan Kurma Lembut
- 1 Cawan Air Mendidih

ARAHAN:

a) Rendam Kurma yang telah diadu dalam 1 cawan air mendidih selama 2-3 jam atau sehingga lembut.

b) Haluskan kurma yang telah dilembutkan menggunakan penapis atau jaringan halus. Anda mungkin memerlukan pengisar untuk mengadun, jika ia tidak begitu lembut untuk anda.

c) Campurkan kurma puri bersama garam, 1 sudu besar minyak sapi, dan tepung dan buat doh lembut.

d) Biarkan doh berehat sekurang-kurangnya 20 minit.

e) Bahagikan doh kepada bebola yang sama atau saiz lemon.

f) Canai setiap satu untuk membentuk roti leper/paratha/cakera bulat/atau bentuk yang anda suka sepanjang 5-6 inci.

g) Goreng cetek setiap satu menggunakan minyak sapi sehingga masak dari kedua-dua belah. Memandangkan doh ada kurma di dalamnya, ia akan dimasak dengan cepat.

KUDAPAN DAN PEMBUAT SELERA

12.Pinggan Kurma Aneka

BAHAN-BAHAN:
- 4-5 cawan pitted Kurma Oman atau sebarang jenis
- 1/2 cawan Biji Bunga Matahari panggang
- 1/2 cawan Biji Labu panggang
- 1/2 cawan Bijan Putih panggang
- 1/2 cawan Bijan Hitam panggang
- 1/2 cawan Kacang Tanah panggang

ARAHAN:
a) Basuh dan keringkan semua kurma. Pastikan ia kering dan bebas lembapan.
b) Buat celah di tengah setiap kurma dan keluarkan bijinya. Buang biji.
c) Isikan bahagian tengah setiap kurma dengan biji bunga matahari panggang, biji labu, biji bijan putih, biji bijan hitam dan kacang tanah.
d) Susun kurma yang disumbat di atas pinggan besar, menjadikannya mudah diakses dan menarik secara visual.
e) Simpan aneka kurma dalam bekas kedap udara di dalam peti sejuk.

13.Oman Foul

BAHAN-BAHAN:
- 2 tin kacang fava, toskan dan bilas
- 2 ulas bawang putih, dikisar
- 1/4 cawan minyak zaitun
- Jus 1 lemon
- Garam dan lada sulah, secukup rasa
- Pasli cincang untuk hiasan
- Roti Oman (Rukhal), untuk dihidangkan

ARAHAN:
a) Dalam kuali, tumis bawang putih yang dikisar dalam minyak zaitun sehingga naik bau.
b) Masukkan kacang fava dan masak sehingga panas.
c) Tumbuk sedikit kacang dengan garfu.
d) Perasakan dengan jus lemon, garam, dan lada sulah.
e) Hiaskan dengan pasli cincang.
f) Hidangkan dengan roti Oman.

14.Samosa

BAHAN-BAHAN:

Untuk Doh Samosa:
- 2 cawan tepung serba guna (maida) (260 gram)
- 1 sudu teh ajwain (biji karom)
- 1/4 sudu teh garam
- 4 sudu besar + 1 sudu teh minyak (60 ml + 5 ml)
- Air untuk menguli doh (lebih kurang 6 sudu besar)

Untuk Pengisian Samosa:
- 3-4 kentang sederhana (500-550 gram)
- 2 sudu besar minyak
- 1 sudu kecil biji jintan manis
- 1 sudu teh biji adas
- 2 sudu kecil biji ketumbar ditumbuk
- 1 sudu teh halia dicincang halus
- 1 cili hijau, dihiris
- 1/4 sudu teh hing (asafoetida)
- 1/2 cawan + 2 sudu besar kacang hijau (rendam dalam air suam jika menggunakan beku)
- 1 sudu kecil serbuk ketumbar
- 1/2 sudu teh garam masala
- 1/2 sudu teh amchur (serbuk mangga kering)
- 1/4 sudu teh serbuk cili merah (atau secukup rasa)
- 3/4 sudu teh garam (atau secukup rasa)
- Minyak untuk menggoreng

ARAHAN:

Buat Doh Samosa:
a) Dalam mangkuk besar, satukan tepung serba guna, ajwain dan garam.
b) Masukkan minyak dan sapu tepung dengan minyak sehingga ia menyerupai serbuk. Ini perlu mengambil masa 3-4 minit.
c) Masukkan air sedikit demi sedikit, uli hingga menjadi doh yang keras. Jangan terlalu banyak membuat doh; ia sepatutnya bersatu.
d) Tutup doh dengan kain lembap dan biarkan selama 40 minit.

Buat Isi Kentang:
e) Rebus kentang sehingga masak (8-9 wisel jika menggunakan periuk tekanan atas dapur atau 12 minit pada tekanan tinggi dalam Periuk Segera).
f) Kupas dan tumbuk kentang.
g) Dalam kuali, panaskan minyak dan masukkan biji jintan manis, biji adas, dan biji ketumbar yang telah dihancurkan. Tumis hingga naik bau.
h) Masukkan halia cincang, cili hijau, engsel, kentang rebus dan tumbuk, dan kacang hijau. Gaul sebati.
i) Masukkan serbuk ketumbar, garam masala, amchur, serbuk cili merah, dan garam. Gaul sehingga sebati. Keluarkan dari haba dan biarkan inti sejuk.

Bentuk & Goreng Samosa:
j) Setelah doh direhatkan, bahagikan kepada 7 bahagian yang sama banyak.
k) Gulungkan setiap bahagian ke dalam bulatan berdiameter 6-7 inci dan potong kepada dua bahagian.
l) Ambil satu bahagian, sapukan air pada tepi lurus, dan bentukkan kon. Isikan dengan 1-2 sudu besar inti kentang.
m) Tutup samosa dengan mencubit tepi. Ulang untuk doh yang tinggal.
n) Panaskan minyak dengan api perlahan. Goreng samosa dengan api perlahan sehingga pejal dan coklat muda (10-12 minit). Besarkan api ke sederhana dan goreng sehingga perang keemasan.
o) Goreng 4-5 samosa pada satu masa, dan setiap batch akan mengambil masa kira-kira 20 minit dengan api perlahan.

15. Kerepek Khubz (Roti Rata) Oman

BAHAN-BAHAN:
- 4 roti rata Oman (Khubz)
- 2 sudu besar minyak zaitun
- 1 sudu teh jintan kisar
- 1 sudu kecil paprika
- Garam secukup rasa

ARAHAN:
a) Panaskan ketuhar hingga 350°F (180°C).
b) Sapu roti rata dengan minyak zaitun dan taburkan dengan jintan manis, paprika dan garam.
c) Potong roti rata menjadi segi tiga atau jalur.
d) Bakar dalam ketuhar selama 10-12 minit atau sehingga garing.
e) Sejukkan sebelum dihidangkan.

16. Kurma Oman dengan Badam

BAHAN-BAHAN:
- Kurma segar
- Badam, keseluruhan atau separuh

ARAHAN:
a) Lubangkan kurma dengan membuat hirisan kecil dan buang bijinya.
b) Masukkan badam keseluruhan atau separuh ke dalam rongga yang ditinggalkan oleh benih.

17.Daun Anggur Sumbat Oman (Warak Enab)

BAHAN-BAHAN:
- Daun anggur, terungkai atau segar
- 1 cawan beras, basuh
- 1/2 cawan daging cincang (daging lembu atau kambing)
- 1/4 cawan kacang pain
- 1/4 cawan pasli segar yang dicincang
- Jus 1 lemon
- Garam dan lada sulah, secukup rasa
- Minyak zaitun

ARAHAN:
a) Jika menggunakan daun anggur segar, rebus dalam air mendidih selama beberapa minit.
b) Dalam mangkuk, campurkan nasi, daging cincang, kacang pain, pasli, jus lemon, garam dan lada.
c) Letakkan satu sudu campuran di tengah setiap daun anggur dan lipat ke dalam bungkusan kecil.
d) Susun daun anggur yang disumbat ke dalam periuk, renjiskan dengan minyak zaitun, dan tambah air secukupnya untuk menutupinya.
e) Reneh hingga nasi masak dan daun empuk.
f) Hidangkan hangat.

18.Oman Lahm Bi Ajeen (Pai Daging)

BAHAN-BAHAN:
- 2 cawan daging cincang (daging lembu atau kambing)
- 1 biji bawang besar, cincang halus
- 2 biji tomato, potong dadu
- 1/4 cawan pasli segar yang dicincang
- 1 sudu teh jintan kisar
- 1 sudu teh ketumbar kisar
- Garam dan lada sulah, secukup rasa
- Doh pizza atau kepingan pastri yang sudah siap

ARAHAN:
a) Dalam kuali, tumis bawang hingga lut sinar.
b) Masukkan daging cincang dan masak hingga keperangan.
c) Masukkan tomato dadu, pasli cincang, jintan halus, ketumbar kisar, garam dan lada sulah.
d) Canai doh pizza atau kepingan pastri dan potong bulatan.
e) Letakkan satu sudu campuran daging pada setiap bulatan, lipat dua, dan tutup tepi.
f) Bakar sehingga perang keemasan.
g) Hidangkan hangat.

19.Falafel Oman

BAHAN-BAHAN:
- 2 cawan kacang ayam yang direndam dan ditoskan
- 1 bawang kecil, dicincang
- 3 ulas bawang putih, dikisar
- 1/4 cawan pasli segar, dicincang
- 1 sudu teh jintan kisar
- 1 sudu teh ketumbar kisar
- Garam dan lada sulah, secukup rasa
- Minyak untuk menggoreng

ARAHAN:
a) Dalam pemproses makanan, campurkan kacang ayam, bawang merah, bawang putih, pasli, jintan, ketumbar, garam dan lada sehingga terbentuk adunan yang kasar.
b) Bentukkan adunan menjadi bebola kecil atau patties.
c) Panaskan minyak dalam kuali dan goreng sehingga perang keemasan di kedua-dua belah.
d) Toskan pada tuala kertas.
e) Hidangkan panas dengan sos tahini atau yogurt.

20.Bayam Oman Fatayer

BAHAN-BAHAN:
- 2 cawan bayam cincang
- 1 bawang kecil, dicincang halus
- 1/4 cawan kacang pain
- 1 sudu besar minyak zaitun
- 1 sudu teh sumac tanah
- Garam dan lada sulah, secukup rasa
- Doh pizza atau kepingan pastri yang sudah siap

ARAHAN:
a) Tumis bawang dalam minyak zaitun sehingga lut sinar.
b) Masukkan bayam cincang dan masak hingga layu.
c) Kacau dalam kacang pain, sumac tanah, garam dan lada sulah.
d) Canai doh pizza atau kepingan pastri dan potong bulatan.
e) Letakkan satu sudu campuran bayam pada setiap bulatan, lipat dua, dan tutup tepi.
f) Bakar sehingga perang keemasan.
g) Hidangkan hangat.

21.Halloumi Bakar Oman

BAHAN-BAHAN:
- 1 blok keju halloumi, dihiris
- 2 sudu besar minyak zaitun
- 1 sudu teh oregano kering
- Jus 1 lemon

ARAHAN:
a) Panaskan pemanggang atau kuali pemanggang.
b) Sapu hirisan halloumi dengan minyak zaitun.
c) Bakar halloumi sehingga perang keemasan di kedua-dua belah.
d) Taburkan dengan oregano kering dan gerimis dengan jus lemon.
e) Hidangkan panas sebagai makanan jari atau pembuka selera.

HIDANGAN UTAMA

22.Sup Oat Oman (Shorba)

BAHAN-BAHAN:
- 1 cawan oat gulung
- 1/2 cawan sayur cincang (lobak merah, kacang, kacang)
- 1/4 cawan bawang cincang
- 2 ulas bawang putih, dikisar
- 1 sudu teh jintan kisar
- 4 cawan air rebusan ayam atau sayur
- Garam dan lada sulah, secukup rasa

ARAHAN:
a) Dalam periuk, tumis bawang merah dan bawang putih hingga layu.
b) Masukkan sayur-sayuran cincang dan masak selama beberapa minit.
c) Masukkan oat dan jintan kisar.
d) Tuangkan kuahnya dan biarkan mendidih.
e) Reneh sehingga oat masak dan sup pekat.
f) Perasakan dengan garam dan lada sulah.
g) Hidangkan panas.

23. Qabuli (Afghan Rice Pilaf)

BAHAN-BAHAN:
- 2 cawan beras basmati
- 1 lb kambing atau ayam, dipotong dadu
- 1 biji bawang besar, cincang halus
- 1/2 cawan minyak sayuran
- 1/2 cawan kismis
- 1/2 cawan badam yang dihiris
- 1/2 cawan lobak merah parut
- 1/2 sudu teh buah pelaga kisar
- 1/2 sudu teh kayu manis tanah
- 1/2 sudu teh jintan halus
- Garam dan lada sulah secukup rasa
- 4 cawan air rebusan ayam atau air

ARAHAN:
a) Bilas beras basmati di bawah air sejuk sehingga airnya jernih. Rendam beras dalam air selama 30 minit, kemudian toskan.
b) Dalam periuk besar, panaskan minyak sayuran di atas api sederhana. Masukkan bawang cincang dan masak sehingga perang keemasan.
c) Masukkan kambing atau ayam yang dipotong dadu ke dalam periuk dan perang di semua sisi. Perasakan dengan garam, lada sulah, buah pelaga yang dikisar, kayu manis yang dikisar dan jintan manis.
d) Masukkan lobak merah parut, kismis, dan badam yang dihiris. Masak selama 5 minit tambahan, biarkan rasa bercampur.
e) Masukkan beras basmati yang telah direndam dan toskan ke dalam periuk, kacau perlahan-lahan untuk menggabungkan dengan daging dan sayur-sayuran.
f) Tuangkan air rebusan ayam atau air. Didihkan adunan, kemudian kecilkan api. Tutup periuk dengan penutup yang ketat dan reneh selama 20-25 minit, atau sehingga nasi lembut dan cecair diserap.
g) Setelah Qabuli masak, kembangkan nasi dengan garfu untuk mengasingkan bijirin.
h) Hidangkan Qabuli panas, dihiasi dengan badam dan kismis tambahan jika dikehendaki. Ia sesuai dengan yogurt atau salad sampingan. Nikmati pilaf nasi Afghan anda yang berperisa!

24. Mashuai Tradisional Oman

BAHAN-BAHAN:
- 4 ikan raja
- 1 sudu besar Minyak Zaitun
- 2 sudu besar Pes Bawang Putih
- 1 sudu kecil Pes Halia
- 1 sudu kecil Jintan Manis
- 1 Jus Lemon
- 1/2 sudu kecil Kunyit Kisar
- 1/2 sudu kecil Buah pelaga tanah
- 1/2 sudu kecil Lada Hitam Kisar
- 1/4 Sudu teh Pala Kisar

ARAHAN:
a) Bersihkan Ikan dan Skor di kedua-dua belah.
b) Satukan semua bahan dalam mangkuk dan sapukan pada ikan.
c) Biarkan ikan perap sekurang-kurangnya 3 jam.
d) Letakkan di atas perkakas pembakar, dan bakar dalam ketuhar yang telah dipanaskan pada 200 darjah selama 20 minit. Atau anda boleh panggang arang.
e) Hidangkan bersama nasi limau Oman.

25. Nasi Mandi dengan Ayam

BAHAN-BAHAN:
- 2 cawan beras basmati
- 500g ayam, potong kecil
- Campuran rempah Oman (campuran kayu manis, buah pelaga, cengkih dan limau hitam)
- 1 biji bawang besar, dihiris
- 1/4 cawan minyak sapi
- Garam, secukup rasa
- Badam dan kismis untuk hiasan

ARAHAN:
a) Gosok ayam dengan campuran rempah Oman dan biarkan ia perap sekurang-kurangnya 30 minit.
b) Dalam periuk besar, tumis hirisan bawang dalam minyak sapi sehingga perang keemasan.
c) Masukkan ayam yang telah diperap ke dalam periuk dan masak sehingga keperangan.
d) Masukkan nasi, campuran rempah Oman, dan garam. Masak selama beberapa minit.
e) Masukkan air mengikut arahan bungkusan nasi dan masak sehingga nasi masak.
f) Hiaskan dengan badam bakar dan kismis sebelum dihidangkan.

26. Majboos (Nasi Berempah Oman dengan Ayam)

BAHAN-BAHAN:
- 2 cawan beras basmati
- 500g ayam, potong kecil
- 2 biji bawang, dicincang halus
- 3 biji tomato, dicincang
- 4 ulas bawang putih, dikisar
- 1/4 cawan minyak sayuran
- 2 sudu besar campuran rempah Oman (campuran jintan manis, ketumbar, kayu manis, bunga cengkih, buah pelaga)
- Garam dan lada sulah, secukup rasa
- 4 cawan air rebusan ayam

ARAHAN:
a) Dalam periuk besar, tumis bawang merah dan bawang putih dalam minyak sayuran sehingga perang keemasan.
b) Masukkan kepingan ayam dan coklat di semua bahagian.
c) Masukkan campuran rempah Oman, garam dan lada sulah.
d) Masukkan tomato cincang dan masak sehingga ia empuk.
e) Tuangkan air rebusan ayam dan biarkan mendidih.
f) Kacau beras, kecilkan api, tutup dan renehkan sehingga nasi masak.
g) Hidangkan panas.

27. Harees Ayam Satu Periuk Tradisional

BAHAN-BAHAN:
- 2 cawan arnab (biji gandum)
- 1 kg (2 paun) ayam, dibuang tulang
- 2 batang kayu manis
- 1 sudu kecil serbuk lada hitam
- Garam secukup rasa
- Mentega cair atau minyak zaitun

ARAHAN:
a) Mulakan dengan merendam bijirin gandum semalaman, membolehkan mereka menyerap air dan melembutkan.
b) Dalam periuk besar, satukan gandum yang direndam, ayam yang dibuang tulang, batang kayu manis, serbuk lada hitam, garam, dan air secukupnya untuk menutupi bahan-bahan. Didihkan adunan.
c) Biarkan adunan masak sehingga arnab mencapai konsistensi berair. Adalah penting untuk kacau di bahagian bawah setiap beberapa minit untuk mengelakkan pembakaran. Proses ini memerlukan sedikit masa untuk memastikan memasak yang betul.
d) Setelah masak, gunakan pengisar tangan untuk mengadun isinya. Matlamatnya adalah untuk mencapai konsistensi bertekstur, bukan pes halus. Biarkan ia sedikit berbutir untuk menambah tekstur.
e) Hidangkan Harees panas-panas, dan tuangkan mentega cair atau minyak zaitun di atasnya untuk menambah kekayaan dan rasa.

28. Harees Ikan Oman

BAHAN-BAHAN:
- 1 cawan gandum, direndam semalaman
- 1 kg isi ikan (kakap atau ikan raja)
- 2 biji bawang besar, cincang halus
- 4 ulas bawang putih, dikisar
- 1/4 cawan minyak sapi
- 1 sudu teh kunyit kisar
- Garam dan lada sulah, secukup rasa
- air

ARAHAN:
a) Toskan gandum yang telah direndam dan kisar sehingga menjadi pes kasar.
b) Dalam periuk, tumis bawang merah dan bawang putih dalam minyak sapi sehingga perang keemasan.
c) Masukkan fillet ikan dan perang di kedua-dua belah.
d) Masukkan kunyit kisar, garam dan lada sulah.
e) Tuangkan air secukupnya untuk menutup adunan.
f) Masukkan pes gandum dan masak dengan api perlahan sehingga ikan dan gandum empuk.
g) Hidangkan panas.

29. Ayam Shawarma

BAHAN-BAHAN:

ayam:
- 1 kg / 2 lb fillet paha ayam, tanpa kulit dan tanpa tulang (Nota 3)

perapan:
- 1 ulas bawang putih besar, dikisar (atau 2 ulas kecil)
- 1 sudu besar ketumbar kisar
- 1 sudu besar jintan halus
- 1 sudu besar buah pelaga yang dikisar
- 1 sudu kecil lada cayenne kisar (kurangkan kepada 1/2 sudu kecil supaya kurang pedas)
- 2 sudu kecil paprika salai
- 2 sudu kecil garam
- Lada hitam
- 2 sudu besar jus lemon
- 3 sudu besar minyak zaitun

Sos Yogurt:
- 1 cawan yogurt Yunani
- 1 ulas bawang putih, ditumbuk
- 1 sudu kecil jintan manis
- Perahan jus lemon
- Garam dan lada

Untuk berkhidmat:
- 4 – 5 keping roti (roti Lubnan atau pita atau roti rata lembut buatan sendiri)
- Daun salad yang dihiris (cos atau aisberg)
- hirisan tomato
- Bawang merah, hiris halus
- Keju, dicincang (pilihan)
- Sos panas pilihan (pilihan)

ARAHAN:

Ayam perap:

a) Satukan bahan perapan dalam beg ziplock besar. Masukkan ayam, tutup, kemudian urut dari luar dengan tangan anda untuk memastikan setiap bahagian bersalut.

b) Perap sekurang-kurangnya 3 jam, sebaiknya 24 jam.

Sos Yogurt:

c) Dalam mangkuk, satukan bahan Sos Yogurt dan gaul. Tutup dan sejukkan sehingga diperlukan (ia akan bertahan selama 3 hari di dalam peti ais).

d) Panaskan kuali besar tidak melekat dengan 1 sudu besar minyak di atas api sederhana tinggi atau sapu pinggan panas/grill BBQ dengan minyak dan panaskan hingga sederhana tinggi. (Lihat nota untuk membakar)

Ayam masak:

e) Letakkan ayam yang diperap di dalam kuali atau di atas panggangan dan masak bahagian pertama selama 4 hingga 5 minit sehingga hangus dengan baik. Putar dan masak bahagian lain selama 3 hingga 4 minit (bahagian kedua mengambil masa yang lebih singkat).

f) Keluarkan ayam dari panggangan dan tutup longgar dengan kerajang. Ketepikan untuk berehat selama 5 minit.

g) Potong ayam dan letakkan di atas pinggan bersama roti rata, salad dan Sos Yogurt (atau sos Tahini tanpa tenusu dari resipi ini).

h) Untuk membalut, ambil sekeping roti rata, lumurkan dengan Sos Yogurt, atasnya dengan sedikit salad, tomato dan Chicken Shawarma. Gulung dan nikmati!

30.Oman Shuwa

BAHAN-BAHAN:
- 2 Lamb Shanks (kira-kira 0.7 lbs setiap satu, sebaik-baiknya New Zealand shanks)
- 2 sudu teh Bawang Putih, ditumbuk
- 1 sudu kecil Pes Bawang Putih Halia
- ¾ sudu teh Serbuk Lada Hitam
- ¾ sudu teh Serbuk Jintan Manis
- 1 sudu kecil Biji Ketumbar, serbuk atau 1 ¼ sudu kecil Serbuk Ketumbar
- 10 Ulas atau lebih kurang ¼ sudu kecil Serbuk Cengkih
- 1 ½ sudu teh Serbuk Cili
- 2 sudu besar Cuka (cuka wain merah disyorkan)
- 1 limau nipis, dijus
- 2 – 2 ½ sudu kecil Garam (sesuaikan dengan rasa, lebih kurang 2 sudu kecil digunakan)
- 2 ½ - 3 sudu besar Minyak
- Daun pisang (daun beku boleh digunakan)

ARAHAN:

Sediakan Anak Domba:
a) Basuh batang kambing dan buat luka yang besar dan dalam. Ini penting untuk daging yang berperisa dan pedas.

Buat Pes Rempah:
b) Campurkan semua bahan kecuali kambing untuk membentuk pes.

Perap Kambing:
c) Gosok pes rempah ke atas kambing, pastikan rempah masuk ke dalam luka. Gunakan jari anda untuk menggosok daging dengan teliti.
d) Letakkan daun pisang dalam hidangan pembakar, letakkan kambing di atas daun, dan tuangkan campuran rempah yang tinggal di atasnya.
e) Lipat daun pisang di atas kambing untuk menutupnya sepenuhnya, mencipta satu paket. Tutup loyang dan perap di dalam peti sejuk semalaman atau selama 24 – 48 jam.
f) Keluarkan kambing yang diperap dari peti sejuk dan biarkan ia duduk di atas meja selama 30 – 60 minit sebelum memasak untuk membawanya ke suhu bilik (pilihan).

Memasak:
g) Panaskan ketuhar hingga 250°F dan letakkan loyang di dalamnya. Jangan lupa tanggalkan penutup/penutup loyang.
h) Bakar kambing yang dibalut dengan daun pisang selama 3 jam atau sehingga daging empuk. Balikkan daging setiap 1 – 1 ½ jam.
i) Bergantung pada saiz dan ketebalan daging, ia mungkin memerlukan masa memasak yang lebih lama.
j) Tukar suhu ketuhar kepada 350°F, buka bungkus pisang, dan masak selama 20 minit lagi sehingga daging berwarna perang gelap.
k) Selepas 3 jam, bungkus pisang akan kering dan mula berkecai. Anda boleh meninggalkan daun dalam hidangan itu sendiri dan membuka/keluarkan daun dari atas sebelum dibakar pada suhu 350°F.
l) Keluarkan dari ketuhar dan biarkan daging berehat sekurang-kurangnya 10 minit sebelum dihidangkan.
m) Hidangkan Oman Shuwa dengan nasi berperisa atau lauk pilihan anda.

31.Oman Mishkak

BAHAN-BAHAN:
- 1 kg stik daging lembu, dipotong dadu
- 3 sudu besar halia segar, parut
- 5 ulas bawang putih
- ½ buah betik, dicincang
- 1 ½ sudu besar garam
- 3 biji cili merah dibuang biji atau 1 sudu besar serbuk cili
- 1 sudu besar kunyit
- 4 sudu besar cuka (apa-apa jenis pun boleh)
- 4 sudu besar pes asam jawa (penting)
- 1 sudu besar serbuk jintan manis
- 1 sudu besar lada hitam
- 2 sudu besar minyak (mana-mana)

ARAHAN:

a) Potong daging lembu kepada kiub kecil, pastikan ia sesuai untuk dicucuk tetapi tidak terlalu kecil atau besar.

b) Dalam pemproses makanan, campurkan semua bahan kecuali daging lembu untuk membuat pes. Mulakan dengan bahan yang lebih besar seperti kepingan betik dan maju kepada serbuk untuk pengadunan yang optimum.

c) Campurkan bahan perapan dengan baik dengan kiub daging, pastikan ia disalut sama rata. Biarkan daging lembu untuk diperap, sebaik-baiknya semalaman, untuk membolehkan daging menjadi lembut dan menyerap rasa.

d) Lidi kiub daging lembu yang telah diperap.

e) Bakar lidi di atas panggangan arang panas atau di bawah ayam pedaging ketuhar sehingga sedikit hangus dan empuk.

f) Secara pilihan, sapu sedikit minyak semasa proses memasak untuk mengelakkan daging daripada kering.

g) Putar lidi dengan kerap untuk memastikan masak sekata. Berhati-hati untuk tidak terlalu masak, kerana ini boleh mengakibatkan daging kering dan keras.

h) Setelah masak, hidangkan Mishkak panas-panas dan nikmati lidi daging lembu yang enak dan lembut.

32.Ayam Kabsa

BAHAN-BAHAN:

Campuran Rempah Kabsa:
- 1/4 sudu kecil buah pelaga
- 1/4 sudu kecil lada putih kisar
- 1/4 sudu kecil kunyit
- 1/2 sudu kecil kayu manis tanah
- 1/2 sudu kecil lada sulah
- 1/2 sudu kecil serbuk kapur kering

Ayam Kabsa:
- 2 sudu besar minyak atau mentega
- 3 biji bawang, dihiris
- 1 sudu besar halia kisar (pes halia)
- 1 sudu besar bawang putih kisar (pes bawang putih)
- 1 biji cili hijau
- 2 helai daun salam kering
- 6 biji cengkih
- 4 biji buah pelaga
- 1 batang kayu manis
- 2 sudu besar tomato puree (pes tomato)
- 1 secubit buah pala yang dikisar
- 1/2 sudu kecil lada hitam tanah
- 1/4 sudu kecil jintan halus
- 1/2 sudu kecil ketumbar kisar
- 3 lobak merah sederhana, dihiris nipis
- 200 g tomato dalam tin dipotong dadu (atau 3 tomato dicincang)
- 2 kiub pati ayam
- 1 1/2 kg ayam keseluruhan, potong 6 bahagian
- 3 cawan beras basmati, dibilas
- 1/4 cawan kismis
- air
- Garam secukup rasa
- Kismis, untuk hiasan (pilihan)
- Badam dihiris, untuk hiasan (pilihan)

ARAHAN:

Sediakan Campuran Rempah Kabsa:

a) Satukan buah pelaga, lada putih, kunyit, kayu manis, lada sulah, dan serbuk kapur dalam mangkuk. Mengetepikan.

b) Panaskan minyak dalam kuali besar berdasar berat di atas api sederhana tinggi. Masukkan bawang besar, halia, bawang putih, dan cili hijau. Tumis sehingga bawang menjadi perang keemasan.

c) Masukkan daun bay, bunga cengkih, buah pelaga, dan batang kayu manis. Goreng sekejap.

d) Kacau dalam puri tomato. Masukkan pala, lada hitam, jintan manis, ketumbar, dan campuran rempah Kabsa yang disediakan. Perasakan dengan garam. Goreng rempah selama satu minit.

e) Masukkan lobak merah dan tomato potong dadu. Kacau dan masak selama 2 minit.

Ayam coklat:

f) Masukkan kiub ayam dan kepingan ayam. Perangkan ayam, putar sekali-sekala, selama kira-kira 30 minit.

g) Keluarkan kepingan ayam dari kuali dan ketepikan.

Masak nasi:

h) Masukkan beras dan kismis ke dalam kuali. Tuangkan 4 cawan air. Perasakan dengan garam. Biarkan ia mendidih.

i) Kecilkan api, tutup dengan tudung dan reneh selama 10-15 minit.

Ayam panggang:

j) Panaskan panggangan. Bakar ayam selama 10-15 minit atau sehingga masak.

k) Hidangkan nasi bersama ayam bakar.

l) Pilihan: Hiaskan dengan kismis dan badam yang dihiris.

33.Oman Arsia

BAHAN-BAHAN:
UNTUK AYAM:
- 1 kg ayam, potong kecil
- 1 cawan Beras Basmati, basuh dan rendam
- 2 sudu besar Ghee
- 1 Bawang besar, dicincang halus
- 2 biji tomato, dicincang
- 2 Cili Hijau, dihiris
- 1 sudu besar Pes Bawang Putih
- 1 sudu besar Pes Halia
- 1/2 sudu kecil Serbuk Kunyit
- 1/2 sudu kecil Serbuk Cili Merah
- 1/2 sudu teh Garam Masala
- Garam secukup rasa
- 2 cawan Air Rebusan Ayam

UNTUK NASI:
- 1 cawan Beras Basmati, basuh dan rendam
- 1 sudu besar Ghee
- 2 cawan Air
- Garam secukup rasa

ARAHAN:

SEDIAKAN AYAM:
a) Dalam periuk besar, panaskan minyak sapi dengan api sederhana. Masukkan bawang cincang dan tumis hingga kekuningan.
b) Masukkan pes bawang putih dan pes halia ke dalam bawang. Tumis seminit sehingga bau mentah hilang.
c) Masukkan kepingan ayam ke dalam periuk dan masak sehingga ia keperangan di semua sisi.
d) Masukkan tomato cincang, cili hijau, serbuk kunyit, serbuk cili merah, garam masala, dan garam. Gaul sebati.
e) Tuangkan air rebusan ayam dan biarkan adunan mendidih. Kecilkan api, tutup periuk dan masak sehingga ayam masak.

SEDIAKAN NASI:
f) Dalam periuk berasingan, panaskan minyak sapi dengan api sederhana. Masukkan beras basmati yang telah direndam dan tumis selama beberapa minit.
g) Tuangkan air dan masukkan garam. Masak adunan hingga mendidih, kemudian kecilkan api, tutup periuk, dan renehkan sehingga nasi masak dan cecair diserap.

HIMPUNKAN ARSIA:
h) Dalam hidangan hidangan, susun ayam yang telah dimasak bersama air rebusannya.
i) Hiaskan ayam dengan nasi basmati yang telah dimasak.
j) Hidangkan Arsia Ayam Oman panas-panas, membolehkan pengunjung menikmati gabungan berperisa nasi berempah dan ayam yang lembut.

34. Biryani Ayam Oman

BAHAN-BAHAN:

Untuk Perapan:
- 1 kg ketul ayam
- 1 sudu besar Pes Halia Bawang Putih
- 1 sudu teh Serbuk Rempah Utuh
- 1 sudu kecil Serbuk Kunyit
- 1 sudu besar Serbuk Cili Merah
- Garam secukup rasa
- 1 Lemon, dijus

Untuk Biryani:
- 1 kg Beras Basmati, rendam selama 1 jam
- 2 Bawang besar, dicincang
- 2 biji tomato, dicincang
- 2 sudu besar Pes Halia Bawang Putih
- Helaian kunyit yang direndam dalam susu panas dengan warna makanan oren
- 100 gram Ghee Tulen
- 10 Cili Hijau, belah
- 1 biji Bawang Merah Coklat (untuk hiasan)
- 1 sudu kecil Serbuk Jintan Manis
- 1 sudu teh Serbuk Kayu Manis
- 1 sudu kecil Serbuk Lada Hitam
- Daun Ketumbar segar, dicincang
- 1 cawan Gajus dan Badam Panggang

ARAHAN:

Perap ayam:

a) Dalam mangkuk, satukan kepingan ayam dengan pes bawang putih halia, serbuk rempah keseluruhan, serbuk kunyit, serbuk cili merah, garam dan jus lemon. Perap sekurang-kurangnya 30 minit.

b) Panaskan minyak dalam kuali dan panggang ayam yang telah diperap sehingga empuk. Mengetepikan.

Sediakan Briyani:

c) Dalam periuk besar, panaskan minyak. Masukkan bawang cincang dan tumis hingga kekuningan.

d) Masukkan pes halia bawang putih dan belah cili hijau. Tumis hingga hilang bau mentah.

e) Masukkan tomato cincang dan garam. Tumis hingga tomato lembut.

f) Masukkan serbuk jintan manis, serbuk kayu manis, dan serbuk lada hitam. Gaul sebati.

LAPISAN BIRYANI:

g) Dalam periuk, lapiskan separuh daripada nasi yang separa masak.

h) Masukkan buah-buahan kering panggang, daun ketumbar cincang, bawang perang keemasan, dan kepingan ayam panggang.

i) Ulang lapisan dengan baki nasi dan atas dengan susu kunyit dan minyak sapi desi.

j) Tutup periuk dan masak dengan api sederhana sehingga nasi masak sepenuhnya.

k) Hiaskan Biryani Ayam Oman dengan lebih banyak daun ketumbar yang dicincang dan gajus panggang dan badam.

l) Hidangkan biryani Oman yang asli dan nikmati hidangan yang kaya dan berperisa!

35.Kari Ikan Oman (Saloonat Samak)

BAHAN-BAHAN:
- 1 kg isi ikan (kakap atau ikan raja)
- 2 tomato besar, dicincang
- 1 biji bawang besar, cincang halus
- 4 ulas bawang putih, dikisar
- 1/4 cawan pes asam jawa
- 2 sudu besar serbuk kari Oman
- 1 cawan santan
- Minyak sayuran
- Garam dan lada sulah, secukup rasa

ARAHAN:
a) Dalam kuali, tumis bawang merah dan bawang putih dalam minyak sayuran sehingga lembut.
b) Masukkan tomato cincang dan masak sehingga pecah.
c) Masukkan serbuk kari Oman dan masak selama beberapa minit.
d) Masukkan pes asam jawa dan santan, dan biarkan mendidih.
e) Perasakan isi ikan dengan garam dan lada sulah, kemudian masukkan ke dalam kari yang sedang mendidih.
f) Masak hingga ikan habis dan kari telah pekat.
g) Hidangkan panas bersama nasi.

36.Oman Lamb Kabsa

BAHAN-BAHAN:
- 2 cawan beras basmati
- 1 kg kambing, potong kecil
- 2 biji bawang besar, cincang halus
- 3 biji tomato, dicincang
- 1/2 cawan pes tomato
- 4 ulas bawang putih, dikisar
- 2 sudu teh ketumbar kisar
- 2 sudu teh jintan kisar
- 1 sudu teh kayu manis tanah
- 1 sudu teh buah pelaga yang dikisar
- 4 cawan air rebusan ayam atau kambing
- Minyak sayuran
- Garam dan lada sulah, secukup rasa

ARAHAN:
a) Dalam periuk besar, tumis bawang dalam minyak sayuran sehingga perang keemasan.
b) Masukkan ketulan kambing dan perang di semua bahagian.
c) Masukkan bawang putih kisar, ketumbar, jintan manis, kayu manis yang dikisar dan buah pelaga.
d) Masukkan tomato cincang dan pes tomato, masak sehingga tomato hancur.
e) Tuangkan kuahnya dan biarkan mendidih.
f) Masukkan beras, garam dan lada sulah. Masak sehingga nasi habis.
g) Hidangkan panas, dihiasi dengan badam goreng dan kacang pain.

37.Saloona Sayur Oman

BAHAN-BAHAN:
- 2 biji kentang, kupas dan potong dadu
- 2 lobak merah, kupas dan potong dadu
- 1 cawan kacang hijau, dicincang
- 1 cawan labu, potong dadu
- 1 cawan zucchini, dipotong dadu
- 1 biji bawang besar, cincang halus
- 3 biji tomato, dicincang
- 3 ulas bawang putih, dikisar
- 2 sudu besar pes tomato
- 1 sudu teh ketumbar kisar
- 1 sudu teh jintan kisar
- 1 sudu teh kunyit kisar
- 4 cawan sup sayur
- Minyak sayuran
- Garam dan lada sulah, secukup rasa

ARAHAN:

a) Dalam periuk, tumis bawang dalam minyak sayuran sehingga perang keemasan.

b) Masukkan bawang putih kisar, ketumbar kisar, jintan kisar, dan kunyit kisar. Masak selama beberapa minit.

c) Masukkan tomato cincang dan pes tomato, masak sehingga tomato hancur.

d) Masukkan kentang potong dadu, lobak merah, kacang hijau, labu, dan zucchini.

e) Tuangkan sup sayur-sayuran dan biarkan mendidih.

f) Perasakan dengan garam dan lada sulah.

g) Reneh hingga sayur empuk.

h) Hidangkan panas bersama nasi.

38.Mandi Lamb Oman

BAHAN-BAHAN:
- 1 kg kambing, potong kecil
- 2 cawan beras basmati
- 2 biji bawang besar, cincang halus
- 4 ulas bawang putih, dikisar
- 1/4 cawan minyak sayuran
- 2 sudu besar campuran rempah Mandi (ketumbar, jintan manis, limau hitam, kayu manis, buah pelaga)
- 4 cawan sup kambing atau ayam
- Garam, secukup rasa

ARAHAN:

a) Dalam periuk besar, tumis bawang merah dan bawang putih dalam minyak sayuran sehingga perang keemasan.
b) Masukkan ketulan kambing dan perang di semua bahagian.
c) Masukkan campuran rempah Mandi dan garam.
d) Tuangkan kuahnya dan biarkan mendidih.
e) Masukkan beras dan masak sehingga kedua-dua nasi dan kambing masak.
f) Hidangkan panas, hias dengan bawang goreng.

39. Oman Lamb Kabuli

BAHAN-BAHAN:
- 1 kg kambing, potong kecil
- 2 cawan beras basmati
- 2 biji bawang besar, cincang halus
- 4 ulas bawang putih, dikisar
- 1/4 cawan minyak sayuran
- 1 cawan kacang ayam, masak
- 1 sudu teh ketumbar kisar
- 1 sudu teh jintan kisar
- 4 cawan sup kambing atau ayam
- Garam dan lada sulah, secukup rasa

ARAHAN:
a) Dalam periuk besar, tumis bawang merah dan bawang putih dalam minyak sayuran sehingga perang keemasan.
b) Masukkan ketulan kambing dan perang di semua bahagian.
c) Masukkan ketumbar kisar, jintan putih, garam dan lada sulah.
d) Tuangkan kuahnya dan biarkan mendidih.
e) Masukkan nasi dan kacang ayam masak, dan masak sehingga kedua-dua nasi dan kambing masak.
f) Hidangkan panas.

Kofta Oman dengan Sos Zucchini
28 Jun 2023 oleh Laura

Selepas siaran bulan lepas tentang barang kemas Harappan yang ditemui di makam zaman Gangsa di Oman, saya ingin berkongsi resipi Oman moden yang lazat daripada koleksi saya dengan anda. Dengan banyaknya zucchini dan skuasy lain pada musim panas, ini adalah resipi hebat untuk panggangan, yang akan menjadi salah satu kegemaran baharu anda.

Jangan berwaspada dengan jumlah herba dan rempah ratus dalam daging. Kayu manis dalam kofta dijinakkan dengan memasak, dan sosnya berperisa dan lazat - walaupun saya sendiri yang mengatakannya. Hidangan itu adalah "penjaga" di rumah kami, saya harap ia akan berada di rumah anda juga.

40. Kofta Oman dengan Sos Zucchini

BAHAN-BAHAN:

KOFTA
- 1 paun daging cincang
- 1 tandan kecil pasli, dicincang
- 1 bawang merah kecil-sederhana, dikisar
- 1-2 sudu besar kayu manis
- Garam/lada sulah secukup rasa

SOS ZUCCHINI
- 2-3 sudu teh minyak zaitun
- 8 ulas bawang putih dihiris
- 1 sudu besar cili merah ditumbuk
- 2-3 sudu teh cuka balsamic
- 1 tin besar (atau 2 tin kecil) tomato cincang
- 4 daun salam
- 2-3 zucchini sederhana
- 1 tandan kecil pasli, dicincang
- 1 tandan kecil pudina, dikisar
- Garam/lada sulah secukup rasa

ARAHAN:

a) Panaskan ayam pedaging. Campurkan semua bahan kofta. Buat bentuk jari atau bola. Minyakkan sedikit atau sembur kuali ayam pedaging. Masak kofta 2-3 inci dari api. Masa memasak berbeza mengikut saiz kofta tetapi cuba masak selama 2-3 minit setiap sisi. (Ia juga mungkin untuk memanggang kofta sebaliknya).

b) Untuk sos zucchini, masukkan sedikit minyak zaitun ke dalam periuk dan tumis bawang putih dan cili merah selama 3 minit. Masukkan cuka balsamic dan selepas seminit masukkan semua tomato cincang bersama daun bay. Tunggu sehingga sos mula mendidih kemudian tutup periuk dan letakkan di atas api paling rendah selama 10 minit.

c) Potong zucchini kepada kepingan kecil dan tumis dalam sedikit minyak zaitun sehingga mula lembut. Kemudian, masukkannya ke dalam sos tomato. Masukkan pasli dan pudina ke dalam sos dan kacau dengan baik. Masukkan sedikit garam dan lada sulah seperti yang dikehendaki.

d) Masak selama beberapa minit lagi untuk membolehkan rasa herba meresap ke dalam kuali. Kemudian, letakkan kofta di atas pinggan hidangan dan sudukan sedikit sos di atasnya dan hidangkan bakinya di sebelah.

41. Madrouba

BAHAN-BAHAN:
- 200 mL beras putih berbutir panjang seperti basmati
- 50 mL lentil merah
- 100 mL kacang ayam masak
- 4 sudu besar minyak, seperti canola lihat nota
- ¼ bawang, dicincang
- 4 ulas bawang putih, dikisar
- 2 sudu kecil halia segar, parut
- 1 biji tomato, potong dadu
- 2 biji limau nipis kering lihat nota
- 2 sudu kecil kunyit
- 2 sudu kecil jintan manis
- 2 sudu kecil ketumbar kisar
- 1 sudu kecil kayu manis tanah
- 1 sudu kecil buah pelaga tanah
- 1 secubit buah pala
- 1 kiub stok sayur
- lada cayenne secukup rasa
- garam secukup rasa

TOPIS (PILIHAN)
- 1 sudu besar minyak canola
- ¼ bawang, dihiris nipis
- keping limau segar

ARAHAN:

a) Untuk limau kering, potong terbuka dan koyakkan daging yang gelap dan lembut. Buang biji dan cengkerang. Cincang kasar dan masukkan ke dalam periuk.
b) Letakkan periuk besar di atas api sederhana hingga tinggi. Tambah 2-3 sudu besar minyak canola.
c) Goreng bawang besar yang dipotong dadu sehingga mula keperangan.
d) Masukkan bawang putih dan halia dan kacau hingga lembut dan naik bau.
e) Masukkan tomato yang dipotong dadu dan semua rempah, termasuk limau nipis atau kulit kering.
f) Kacau dalam beras, lentil dan kacang ayam. Masukkan 600 ml air dan biarkan mendidih.
g) Biarkan nasi mendidih pada suhu rendah selama 40-60 minit. Kacau selalu dan tambah lebih banyak air mengikut keperluan. Saya akhirnya menggunakan jumlah 1200 mL.
h) Sementara itu, goreng bawang besar yang dihiris nipis sehingga perang gelap.
i) Apabila nasi sudah empuk dan mula berkecai, habiskan hidangan dengan tumbuk nasi dengan penumbuk kentang.
j) Pilihan: campurkan sedikit minyak zaitun.
k) Hidangkan hidangan panas dan di atasnya dengan bawang goreng dan mungkin beberapa hirisan limau nipis segar.

42. Ayam dengan Bawang dan Nasi Pelaga

BAHAN-BAHAN:
- 3 sudu besar / 40 g gula
- 3 sudu besar / 40 ml air
- 2½ sudu besar / 25 g barberi (atau kismis)
- 4 sudu besar minyak zaitun
- 2 bawang sederhana, dihiris nipis (2 cawan / 250 g kesemuanya)
- 2¼ lb / 1 kg paha ayam di kulit, di dalam tulang atau 1 ayam utuh, dibelah empat
- 10 biji buah pelaga
- bulatkan ¼ sudu kecil bunga cengkih
- 2 batang kayu manis panjang, dipecahkan kepada dua
- 1⅔ cawan / 300 g beras basmati
- 2¼ cawan / 550 ml air mendidih
- 1½ sudu besar / 5 g daun pasli daun rata, dicincang
- ½ cawan / 5 g daun dill, dicincang
- ¼ cawan / 5 g daun ketumbar, dicincang
- ⅓ cawan / 100 g yogurt Yunani, dicampur dengan 2 sudu besar minyak zaitun (pilihan)
- garam dan lada hitam yang baru dikisar

ARAHAN

a) Masukkan gula dan air ke dalam periuk kecil dan panaskan sehingga gula larut. Keluarkan dari api, masukkan barberi, dan ketepikan untuk meresap. Jika menggunakan currant, anda tidak perlu merendamnya dengan cara ini.

b) Sementara itu, panaskan separuh minyak zaitun dalam kuali tumis yang besar di mana anda mempunyai penutup di atas api sederhana, tambah bawang, dan masak selama 10 hingga 15 minit, kacau sekali-sekala, sehingga bawang telah bertukar menjadi perang keemasan yang mendalam. Pindahkan bawang ke dalam mangkuk kecil dan lap kuali hingga bersih.

c) Letakkan ayam dalam mangkuk adunan yang besar dan perasakan dengan 1½ sudu teh setiap garam dan lada hitam. Masukkan baki minyak zaitun, buah pelaga, cengkih, dan kayu manis dan gunakan tangan anda untuk mencampurkan semuanya dengan baik. Panaskan semula kuali dan masukkan ayam dan rempah ke dalamnya.

d) Bakar selama 5 minit pada setiap sisi dan keluarkan dari kuali (ini penting kerana ia sebahagian-masak ayam). Rempah boleh kekal dalam kuali, tetapi jangan risau jika ia melekat pada ayam.

e) Keluarkan sebahagian besar minyak yang tinggal juga, tinggalkan hanya lapisan nipis di bahagian bawah. Masukkan beras, bawang karamel, 1 sudu teh garam, dan banyak lada hitam. Toskan barberi dan masukkannya juga. Kacau rata dan kembalikan ayam yang telah digoreng ke dalam kuali, tolak ke dalam nasi.

f) Tuangkan air mendidih ke atas nasi dan ayam, tutup kuali, dan masak dengan api yang sangat perlahan selama 30 minit. Keluarkan kuali dari api, keluarkan penutup, letakkan tuala teh bersih dengan cepat di atas kuali, dan tutup semula dengan penutup. Biarkan hidangan tidak terganggu selama 10 minit lagi. Akhir sekali, masukkan herba dan gunakan garfu untuk mengacaunya dan kembangkan nasi. Rasa dan tambah lagi garam dan lada sulah jika perlu. Hidangkan panas atau suam dengan yogurt jika anda suka.

43. Bebola Daging Lembu dengan Kacang Fava dan Lemon

BAHAN-BAHAN:
- 4½ sudu besar minyak zaitun
- 2⅓ cawan / 350 g kacang fava, segar atau beku
- 4 tangkai thyme keseluruhan
- 6 ulas bawang putih, dihiris
- 8 bawang hijau, potong pada sudut ke dalam segmen ¾ inci / 2cm
- 2½ sudu besar jus lemon yang baru diperah
- 2 cawan / 500 ml stok ayam
- garam dan lada hitam yang baru dikisar
- 1½ sudu teh setiap pasli daun rata yang dicincang, pudina, dill, dan ketumbar, hingga habis

BOLA daging
- 10 oz / 300 g daging lembu kisar
- 5 oz / 150 g kambing kisar
- 1 bawang sederhana, dicincang halus
- 1 cawan / 120 g serbuk roti
- 2 sudu besar setiap pasli daun rata yang dicincang, pudina, dill, dan ketumbar
- 2 ulas bawang putih besar, ditumbuk
- 4 sudu kecil campuran rempah baharat (dibeli di kedai atau lihat resipi)
- 4 sudu kecil jintan halus
- 2 sudu kecil caper, dicincang
- 1 biji telur, dipukul

ARAHAN

a) Letakkan semua bahan bebola daging dalam mangkuk adunan besar. Tambah ¾ sudu teh garam dan banyak lada hitam dan gaul rata dengan tangan anda. Bentukkan menjadi bola dengan saiz yang sama dengan bola Ping-Pong. Panaskan 1 sudu besar minyak zaitun di atas api sederhana dalam kuali yang lebih besar yang anda mempunyai penutup. Goreng separuh bebola daging, putarkannya sehingga semuanya berwarna perang, kira-kira 5 minit. Keluarkan, tambahkan lagi 1½ sudu teh minyak zaitun ke dalam kuali, dan masak kumpulan bebola daging yang lain. Keluarkan dari kuali dan lap sehingga bersih.

b) Semasa bebola daging masak, buang kacang fava ke dalam periuk dengan banyak air mendidih masin dan rebus selama 2 minit. Toskan dan segarkan di bawah air sejuk. Keluarkan kulit daripada separuh kacang fava dan buang kulitnya.

c) Panaskan baki 3 sudu besar minyak zaitun di atas api sederhana dalam kuali yang sama di mana anda membakar bebola daging. Masukkan thyme, bawang putih, dan bawang hijau dan tumis selama 3 minit. Masukkan kacang fava yang belum dikupas, 1½ sudu besar jus lemon, ⅓ cawan / 80 ml stok, ¼ sudu teh garam dan banyak lada hitam. Kacang harus hampir ditutup dengan cecair. Tutup kuali dan masak dengan api perlahan selama 10 minit.

d) Kembalikan bebola daging ke dalam kuali yang berisi kacang fava. Masukkan baki stok, tutup kuali, dan reneh perlahan-lahan selama 25 minit. Rasa sos dan sesuaikan perasa. Jika ia sangat cair, keluarkan penutup dan kurangkan sedikit. Sebaik sahaja bebola daging berhenti memasak, mereka akan menyerap banyak jus, jadi pastikan masih terdapat banyak sos pada ketika ini. Anda boleh biarkan bebola daging sekarang, tutup api, sehingga sedia untuk dihidangkan.

e) Sejurus sebelum dihidangkan, panaskan semula bebola daging dan tambah sedikit air, jika perlu, untuk mendapatkan sos yang mencukupi. Masukkan baki herba, baki 1 sudu besar jus lemon, dan kacang fava yang telah dikupas dan kacau perlahan-lahan. Hidangkan segera.

44. Bebola Daging Domba dengan Barberi, Yogurt dan Herba

saya

BAHAN:
- 1⅔ lb / 750 g kambing kisar
- 2 bawang sederhana, dicincang halus
- ⅔ oz / 20 g pasli daun rata, dicincang halus
- 3 ulas bawang putih, ditumbuk
- ¾ sudu teh lada sulah
- ¾ sudu teh kayu manis tanah
- 6 sudu besar / 60 g barberi
- 1 biji telur jarak jauh yang besar
- 6½ sudu besar / 100 ml minyak bunga matahari
- 1½ lb / 700 g pisang atau bawang merah besar lain, dikupas
- ¾ cawan ditambah 2 sudu besar / 200 ml wain putih
- 2 cawan / 500 ml stok ayam
- 2 daun salam
- 2 tangkai thyme
- 2 sudu kecil gula
- 5 oz / 150 g buah ara kering
- 1 cawan / 200 g yogurt Yunani
- 3 sudu besar pudina campuran, ketumbar, dill, dan tarragon, koyak kasar
- garam dan lada hitam yang baru dikisar

ARAHAN

a) Letakkan kambing, bawang, pasli, bawang putih, lada sulah, kayu manis, barberi, telur, 1 sudu teh garam, dan ½ sudu teh lada hitam dalam mangkuk besar. Gaulkan dengan tangan anda, kemudian gulung menjadi bola sebesar bola golf.

b) Panaskan satu pertiga daripada minyak di atas api sederhana dalam periuk yang besar dan bahagian bawah berat yang anda mempunyai penutup yang ketat. Masukkan beberapa bebola daging dan masak dan pusing-pusing selama beberapa minit sehingga berwarna semua. Keluarkan dari periuk dan ketepikan. Masak bebola daging yang tinggal dengan cara yang sama.

c) Lap bersih periuk dan masukkan baki minyak. Masukkan bawang merah dan masak dengan api sederhana selama 10 minit, kacau kerap, sehingga perang keemasan. Masukkan wain, biarkan mendidih selama satu atau dua minit, kemudian masukkan stok ayam, daun bay, thyme, gula, dan sedikit garam dan lada sulah. Susun buah tin dan bebola daging di antara dan di atas bawang merah; bebola daging perlu hampir ditutup dengan cecair. Didihkan, tutup dengan tudung, kecilkan api kepada sangat rendah, dan biarkan mendidih selama 30 minit. Keluarkan tudung dan reneh selama kira-kira satu jam lagi, sehingga sos telah berkurangan dan bertambah kuat dalam rasa. Rasa dan tambah garam dan lada sulah jika perlu.

d) Pindahkan ke hidangan hidangan yang besar dan dalam. Pukul yogurt, tuangkan di atas, dan taburkan dengan herba.

45. Barli Risotto dengan Feta Perap

BAHAN-BAHAN:
- 1 cawan / 200 g barli mutiara
- 2 sudu besar / 30 g mentega tanpa garam
- 6 sudu besar / 90 ml minyak zaitun
- 2 batang saderi kecil, potong dadu ¼ inci / 0.5cm
- 2 biji bawang merah kecil, potong dadu ¼ inci / 0.5cm
- 4 ulas bawang putih, potong dadu 1/16 inci / 2mm
- 4 tangkai thyme
- ½ sudu kecil paprika salai
- 1 daun salam
- 4 keping kulit lemon
- ¼ sudu kecil kepingan cili
- satu tin tomato cincang 14-oz / 400g
- 3 cawan / 700 ml stok sayuran
- 1¼ cawan / 300 ml passata (tomato hancur yang diayak)
- 1 sudu besar biji jintan
- 10½ oz / 300 g keju feta, dipecahkan kepada kepingan kira-kira ¾ inci / 2cm
- 1 sudu besar daun oregano segar
- garam

ARAHAN

a) Bilas barli mutiara dengan baik di bawah air sejuk dan biarkan toskan.

b) Cairkan mentega dan 2 sudu besar minyak zaitun dalam kuali yang sangat besar dan masak saderi, bawang merah dan bawang putih dengan api perlahan selama 5 minit, sehingga lembut. Masukkan barli, thyme, paprika, daun bay, kulit lemon, kepingan cili, tomato, stok, passata, dan garam. Kacau hingga sebati.

c) Didihkan adunan, kemudian kecilkan kepada reneh yang sangat lembut dan masak selama 45 minit, kacau kerap untuk memastikan risotto tidak melekat di bahagian bawah kuali. Apabila siap, barli harus lembut dan kebanyakan cecair diserap.

d) Sementara itu, bakar biji jintan dalam kuali kering selama beberapa minit. Kemudian hancurkan sedikit supaya beberapa biji kekal. Tambah mereka ke feta dengan baki 4 sudu besar / 60 ml minyak zaitun dan kacau perlahan-lahan untuk menggabungkan.

e) Setelah risotto siap, periksa perasa dan kemudian bahagikannya di antara empat mangkuk cetek. Teratas setiap satu dengan feta yang diperap, termasuk minyak, dan taburan daun oregano.

46.Ayam panggang dengan clementines

BAHAN-BAHAN:
- 6½ sudu besar / 100 ml arak, ouzo, atau Pernod
- 4 sudu besar minyak zaitun
- 3 sudu besar jus oren yang baru diperah
- 3 sudu besar jus lemon yang baru diperah
- 2 sudu besar sawi bijirin
- 3 sudu besar gula perang
- 2 mentol adas sederhana (1 lb / 500 g kesemuanya)
- 1 ayam organik atau jarak bebas yang besar, kira-kira 2¾ lb / 1.3 kg, dibahagikan kepada 8 ketul, atau berat yang sama dalam bahagian kulit, dalam paha ayam tulang
- 4 biji clementine, tidak dikupas (jumlah 14 oz / 400 g), potong mendatar menjadi kepingan ¼ inci / 0.5cm
- 1 sudu besar daun thyme
- 2½ sudu kecil biji adas, ditumbuk ringan
- garam dan lada hitam yang baru dikisar
- pasli daun rata yang dicincang, untuk hiasan

ARAHAN

a) Masukkan enam bahan pertama dalam mangkuk adunan besar dan tambah 2½ sudu teh garam dan 1½ sudu teh lada hitam. Kacau rata dan ketepikan.

b) Potong adas dan potong setiap mentol separuh memanjang. Potong setiap separuh kepada 4 baji. Masukkan adas ke dalam cecair, bersama dengan kepingan ayam, hirisan clementine, thyme, dan biji adas. Kacau rata dengan tangan anda, kemudian biarkan untuk diperap di dalam peti sejuk selama beberapa jam atau semalaman (langkau peringkat perapan juga boleh, jika anda ditekan untuk masa).

c) Panaskan ketuhar kepada 475°F / 220°C. Pindahkan ayam dan perapannya ke dalam loyang yang cukup besar untuk memuatkan semuanya dengan selesa dalam satu lapisan (kira-kira kuali 12 kali 14½ inci / 30 kali 37cm); kulit ayam hendaklah menghadap ke atas. Setelah ketuhar cukup panas, masukkan kuali ke dalam ketuhar dan panggang selama 35 hingga 45 minit, sehingga ayam berubah warna dan masak. Keluarkan dari ketuhar.

d) Angkat ayam, adas, dan clementine dari kuali dan susun di atas pinggan hidangan; tutup dan panaskan.

e) Tuangkan cecair memasak ke dalam periuk kecil, letakkan di atas api sederhana tinggi, biarkan mendidih, dan kemudian reneh sehingga sos berkurangan sebanyak satu pertiga, jadi anda tinggal dengan kira-kira ⅓ cawan / 80 ml.

f) Tuangkan sos panas ke atas ayam, hiaskan dengan sedikit pasli, dan hidangkan.

47. Mejadra

BAHAN-BAHAN:
- 1¼ cawan / 250 g lentil hijau atau coklat
- 4 bawang sederhana (1½ lb / 700 g sebelum dikupas)
- 3 sudu besar tepung serba guna
- kira-kira 1 cawan / 250 ml minyak bunga matahari
- 2 sudu kecil biji jintan manis
- 1½ sudu besar biji ketumbar
- 1 cawan / 200 g beras basmati
- 2 sudu besar minyak zaitun
- ½ sudu kecil kunyit kisar
- 1½ sudu kecil lada sulah
- 1½ sudu kecil kayu manis tanah
- 1 sudu kecil gula
- 1½ cawan / 350 ml air
- garam dan lada hitam yang baru dikisar

ARAHAN

a) Letakkan lentil dalam periuk kecil, tutup dengan banyak air, masak sehingga mendidih, dan masak selama 12 hingga 15 minit, sehingga lentil telah lembut tetapi masih mempunyai sedikit gigitan. Toskan dan ketepikan.

b) Kupas bawang dan hiris nipis. Letakkan di atas pinggan rata yang besar, taburkan dengan tepung dan 1 sudu teh garam, dan gaul rata dengan tangan anda. Panaskan minyak bunga matahari dalam periuk sederhana berdasar berat yang diletakkan di atas api yang tinggi. Pastikan minyak panas dengan membuang sekeping kecil bawang; ia harus berdesing dengan kuat. Kecilkan api kepada sederhana tinggi dan berhati-hati (mungkin meludah!) masukkan satu pertiga daripada bawang yang dihiris. Goreng selama 5 hingga 7 minit, kacau sekali-sekala dengan sudu berlubang, sehingga bawang mendapat warna perang keemasan yang bagus dan menjadi garing (laraskan suhu supaya bawang tidak terlalu cepat goreng dan hangus). Gunakan sudu untuk memindahkan bawang ke dalam colander yang dialas dengan tuala kertas dan taburkan sedikit lagi garam. Lakukan perkara yang sama dengan dua kelompok bawang yang lain; tambah sedikit minyak tambahan jika perlu.

c) Lap bersih periuk tempat anda menggoreng bawang dan masukkan jintan manis dan biji ketumbar. Letakkan di atas api sederhana dan bakar benih selama satu atau dua minit. Masukkan beras, minyak zaitun, kunyit, lada sulah, kayu manis, gula, ½ sudu teh garam, dan banyak lada hitam. Kacau hingga menyalut nasi dengan minyak kemudian masukkan lentil masak dan air. Didihkan, tutup dengan tudung, dan reneh dengan api yang sangat perlahan selama 15 minit.

d) Keluarkan dari api, angkat penutup dan tutup kuali dengan cepat dengan tuala teh yang bersih. Tutup rapat dengan penutup dan ketepikan selama 10 minit.

e) Akhir sekali, masukkan separuh bawang goreng ke dalam nasi dan lentil dan kacau perlahan-lahan dengan garpu. Letakkan adunan dalam mangkuk hidangan cetek dan tutup dengan baki bawang.

48. Couscous dengan tomato dan bawang

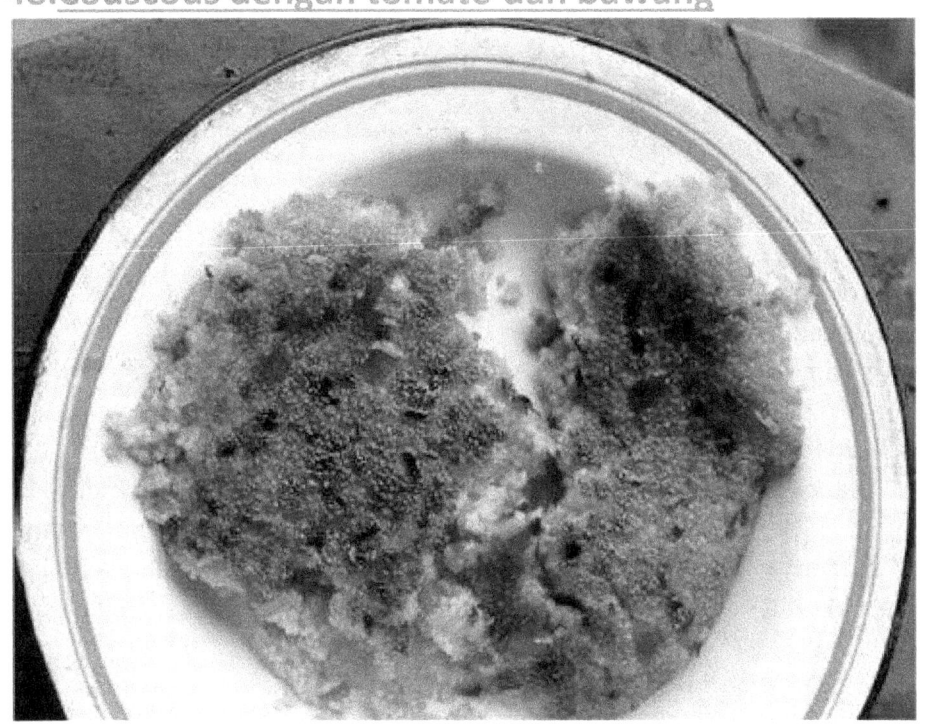

BAHAN-BAHAN:
- 3 sudu besar minyak zaitun
- 1 bawang sederhana, dicincang halus (1 cawan / 160 g kesemuanya)
- 1 sudu besar pes tomato
- ½ sudu kecil gula
- 2 tomato yang sangat masak, potong dadu ¼ inci / 0.5cm (1¾ cawan / 320 g kesemuanya)
- 1 cawan / 150 g couscous
- 1 cawan / 220 ml rebus ayam atau stok sayur
- 2½ sudu besar / 40 g mentega tanpa garam
- garam dan lada hitam yang baru dikisar

ARAHAN

a) Tuangkan 2 sudu besar minyak zaitun ke dalam kuali nonstick kira-kira 8½ inci / 22 cm diameter dan letakkan di atas api sederhana. Masukkan bawang dan masak selama 5 minit, kacau selalu, sehingga ia lembut tetapi tidak berwarna. Masukkan pes tomato dan gula dan masak selama 1 minit.

b) Masukkan tomato, ½ sudu teh garam, dan sedikit lada hitam dan masak selama 3 minit.

c) Sementara itu, masukkan couscous ke dalam mangkuk cetek, tuangkan stok mendidih, dan tutup dengan bungkus plastik. Ketepikan selama 10 minit, kemudian keluarkan penutup dan kembangkan couscous dengan garpu. Masukkan sos tomato dan kacau rata.

d) Lap kuali hingga bersih dan panaskan mentega dan baki 1 sudu besar minyak zaitun di atas api sederhana. Apabila mentega telah cair, sudukan couscous ke dalam kuali dan gunakan bahagian belakang sudu untuk menepuknya perlahan-lahan supaya semuanya dibungkus dengan kemas.

e) Tutup kuali, kecilkan api ke tetapan paling rendah, dan biarkan couscous mengukus selama 10 hingga 12 minit, sehingga anda dapat melihat warna coklat muda di sekeliling tepi. Gunakan spatula offset atau pisau untuk membantu anda mengintip antara tepi couscous dan sisi kuali: anda mahukan tepi yang benar-benar garing di seluruh bahagian pangkal dan sisi.

f) Terbalikkan pinggan besar di atas kuali dan terbalikkan kuali dan pinggan dengan cepat bersama-sama, lepaskan couscous ke atas pinggan. Hidangkan hangat atau pada suhu bilik.

SUP

49. Sup Lobak Merah Panggang dengan Rempah Dukkah

BAHAN-BAHAN:
- 1/2 cawan pistachio asli mentah tanpa garam dan bercengkerang
- 2 sudu besar bijan
- 2 sudu kecil biji ketumbar
- 2 sudu kecil biji jintan manis
- 1/2 sudu teh biji adas
- 1/4 sudu kecil lada hitam keseluruhan
- 2 sudu teh garam halal, ditambah lagi secukup rasa
- 2 sudu kecil kunyit
- 1/2 sudu teh kayu manis
- 1/2 sudu teh pala, parut baru
- 2 sudu teh jintan manis, baru dikisar
- 1 sudu teh Oman (limau kisar)
- 1/4 cawan cuka epal
- 2 paun lobak merah, dikupas, dipotong menjadi 1/2 inci bulan
- 1 bawang kuning besar, dikupas, dipotong menjadi kepingan 1/4 inci
- 8 ulas bawang putih, dikupas
- 4-8 sudu besar mentega tanpa garam, cair
- Lada hitam yang baru dikisar, secukup rasa
- 6 cawan air rebusan ayam
- Yogurt Yunani kosong penuh lemak, untuk hiasan
- Cilantro, cincang kasar, untuk hiasan

ARAHAN:

Sediakan Campuran Rempah Dukkah:
a) Bakar pistachio dalam kuali kering dengan api sederhana hingga perang keemasan. Pindahkan ke dalam pinggan kecil dan biarkan sejuk.
b) Dalam kuali yang sama, tambahkan bijan, biji ketumbar, biji jintan, biji adas, dan lada. Bakar sehingga wangi, kemudian pindahkan ke pinggan dengan kacang dan biarkan sejuk.
c) Pindahkan campuran kacang dan rempah bersama 1 sudu teh garam ke pemproses makanan atau mortar dan alu. Kisar kasar untuk membuat adunan rempah Dukkah. Ini boleh dibuat di hadapan dan disimpan kedap udara pada suhu bilik.

Bakar Sayuran:
d) Panaskan ketuhar hingga 425°F.
e) Pada lembaran penaik berbingkai, letakkan lobak merah, bawang merah dan bawang putih. Gerimis dengan mentega cair, perasakan dengan garam dan lada sulah, dan toskan hingga bersalut.
f) Panggang selama kira-kira 25 minit sehingga bawang mula perang. Keluarkan bawang besar dan bawang putih. Teruskan memanggang lobak merah selama 10-20 minit tambahan sehingga lembut dan mula keperangan.

Sediakan Sup:
g) Dalam periuk besar, gabungkan bawang panggang dan bawang putih dengan 1 sudu besar mentega, garam dan lada.
h) Masukkan 3 sudu besar cuka sari apel dan masak sehingga menyusut, kira-kira 3-5 minit, kacau sekali-sekala.
i) Masukkan stok ayam, kunyit, kayu manis, jintan manis, buah pala dan Oman. Biarkan mendidih dan masukkan lobak merah yang telah dibakar. Reneh selama kira-kira 30 minit sehingga lobak merah lembut.
j) Gunakan pengisar rendaman atau pengisar untuk memurnikan sup sehingga halus.
k) Tuangkan sup ke dalam periuk sederhana dan biarkan mendidih dengan api sederhana. Perasakan dengan garam dan lada sulah.
l) Bahagikan sup panas di antara mangkuk.
m) Sudukan sedikit yogurt ke tengah setiap mangkuk.
n) Taburkan dengan campuran rempah Dukkah dan hiaskan dengan ketumbar segar.

50. Marak Samak (Sup Ikan Oman)

BAHAN-BAHAN:
- 500g isi ikan putih, potong kecil
- 1 biji bawang, dicincang halus
- 2 biji tomato, potong dadu
- 2 ulas bawang putih, dikisar
- 1 sudu teh kunyit kisar
- 1 sudu teh jintan kisar
- 1 sudu teh ketumbar kisar
- 1/4 cawan cilantro cincang
- 1 lemon, dijus
- Garam dan lada sulah secukup rasa

ARAHAN:

a) Dalam periuk, tumis bawang merah dan bawang putih hingga layu.
b) Masukkan tomato, kunyit, jintan putih, dan ketumbar. Masak sehingga tomato lembut.
c) Tuangkan air secukupnya untuk menutup bahan. Bawa hingga mendidih.
d) Masukkan kepingan ikan perlahan-lahan dan masak sehingga ikan menjadi legap dan masak.
e) Kacau dalam ketumbar, jus lemon, garam, dan lada sulah. Hidangkan panas.

51. Shorbat Adas (Sup Lentil Oman)

BAHAN-BAHAN:
- 1 cawan lentil merah, basuh
- 1 bawang, dicincang
- 2 lobak merah, potong dadu
- 2 biji tomato, potong dadu
- 2 ulas bawang putih, dikisar
- 1 sudu teh jintan kisar
- 1 sudu teh ketumbar kisar
- 1/2 sudu teh kunyit kisar
- 6 cawan sup sayur atau ayam
- Minyak zaitun untuk gerimis
- Garam dan lada sulah secukup rasa

ARAHAN:
a) Dalam periuk, tumis bawang merah dan bawang putih sehingga lut sinar.
b) Masukkan lobak merah, tomato, lentil, jintan, ketumbar, dan kunyit. Kacau hingga sebati.
c) Tuangkan kuahnya dan biarkan mendidih. Kecilkan api dan renehkan sehingga lentil lembut.
d) Perasakan dengan garam dan lada sulah. Lumurkan dengan minyak zaitun sebelum dihidangkan.

52.Shorbat Khodar (Sup Sayur Oman)

BAHAN-BAHAN:
- 1 bawang, dicincang
- 2 lobak merah, potong dadu
- 2 zucchini, potong dadu
- 1 kentang, potong dadu
- 1/2 cawan kacang hijau, dicincang
- 1/4 cawan lentil
- 1 sudu teh jintan kisar
- 1 sudu teh ketumbar kisar
- 6 cawan sup sayur
- Pasli segar, dicincang (untuk hiasan)
- Minyak zaitun untuk gerimis
- Garam dan lada sulah secukup rasa

ARAHAN:
a) Dalam periuk, tumis bawang sehingga lut sinar.
b) Masukkan lobak merah, zucchini, kentang, kacang hijau, lentil, jintan, dan ketumbar. Kacau hingga sebati.
c) Tuangkan sup sayur-sayuran dan biarkan mendidih. Kecilkan api dan renehkan sehingga sayur empuk.
d) Perasakan dengan garam dan lada sulah. Hiaskan dengan pasli segar dan gerimis dengan minyak zaitun sebelum dihidangkan.

53.Sup Ayam Limau

BAHAN-BAHAN:
- 2 sudu besar minyak zaitun
- ½ bawang kuning atau putih dicincang halus
- 2 ulas bawang putih dikisar
- 5 cawan stok ayam rendah sodium
- 4 biji limau parsi kering
- 2 sudu besar kunyit
- 1 cawan beras Basmati
- 13 auns boleh dibilas
- 1 cawan ayam masak cincang
- Lada hitam dikisar
- Daun parsley dicincang, untuk hiasan

ARAHAN:

a) Bawa ketuhar belanda pada api sederhana dan renjiskan minyak zaitun dan tumis bawang cincang selama 4-5 minit sehingga lembut. Masukkan bawang putih dan tumis selama satu minit lagi.

b) Tuangkan stok ayam dan masukkan limau kering, kunyit, beras basmati dan kacang ayam dan masak sehingga nasi lembut, kira-kira 15 minit.

c) Masukkan ayam yang telah dicincang dan teruskan masak dengan api perlahan sehingga ayam suam.

d) Keluarkan limau nipis kering dan buang sebelum dihidangkan. Senduk sup ke dalam mangkuk dan hiaskan dengan pasli cincang dan lada hitam yang dikisar.

54. Harira (Sup Chickpea Berempah Oman)

BAHAN-BAHAN:
- 1 cawan kacang ayam kering, direndam semalaman
- 1 biji bawang, dicincang halus
- 2 biji tomato, potong dadu
- 2 sudu besar pes tomato
- 1/2 cawan lentil
- 2 ulas bawang putih, dikisar
- 1 sudu teh kayu manis tanah
- 1 sudu teh jintan kisar
- 1/2 sudu teh kunyit kisar
- Garam dan lada sulah secukup rasa
- 6 cawan air rebusan ayam atau sayur
- 2 sudu besar minyak sayuran
- Ketumbar segar untuk hiasan

ARAHAN:
a) Dalam periuk besar, panaskan minyak sayuran di atas api sederhana. Masukkan bawang besar dan bawang putih kisar, tumis hingga layu.
b) Masukkan kacang ayam, lentil, tomato, dan pes tomato. Masak selama 5 minit.
c) Masukkan kayu manis, jintan manis, kunyit, garam, dan lada sulah. Kacau hingga sebati.
d) Tuangkan kuahnya dan biarkan mendidih. Kecilkan api dan renehkan sehingga kacang ayam empuk.
e) Sesuaikan perasa, dan hidangkan panas, dihiasi dengan ketumbar segar.

55. Shorbat Hab (Sup Lentil dan Barli Oman)

BAHAN-BAHAN:
- 1 cawan lentil hijau atau coklat, basuh dan toskan
- 1/2 cawan barli mutiara, dibilas
- 1 biji bawang, dicincang halus
- 2 biji tomato, potong dadu
- 2 lobak merah, potong dadu
- 2 batang saderi, dihiris
- 2 ulas bawang putih, dikisar
- 1 sudu teh kunyit kisar
- 1 sudu teh jintan kisar
- Garam dan lada sulah secukup rasa
- 6 cawan air rebusan ayam atau sayur
- 2 sudu besar minyak sayuran
- Lemon wedges untuk dihidangkan

ARAHAN:
a) Dalam periuk besar, panaskan minyak sayuran di atas api sederhana. Masukkan bawang besar dan bawang putih cincang, tumis hingga lut sinar.
b) Masukkan lentil, barli, tomato, lobak merah, saderi, kunyit, jintan putih, garam, dan lada sulah. Masak selama 5 minit.
c) Tuangkan kuahnya dan biarkan mendidih. Kecilkan api dan renehkan sehingga lentil dan barli empuk.
d) Sesuaikan perasa, dan hidangkan panas dengan perahan limau nipis.

56.Shurbah Sayur Oman

BAHAN-BAHAN:
- 2 sudu besar minyak sayuran
- 1 biji bawang, dicincang halus
- 2 lobak merah, kupas dan potong dadu
- 2 biji kentang, kupas dan potong dadu
- 1 zucchini, potong dadu
- 1 cawan kacang hijau, dicincang
- 2 biji tomato, potong dadu
- 3 ulas bawang putih, dikisar
- 1 sudu teh jintan kisar
- 1 sudu teh ketumbar kisar
- 1 sudu teh kunyit kisar
- Garam dan lada sulah secukup rasa
- 6 cawan sup sayur
- 1/2 cawan bihun atau pasta kecil
- Pasli segar untuk hiasan

ARAHAN:
a) Dalam periuk besar, panaskan minyak sayuran di atas api sederhana. Masukkan bawang besar dan bawang putih kisar, tumis hingga layu.
b) Masukkan lobak merah, kentang, zucchini, kacang hijau, dan tomato yang dipotong dadu ke dalam periuk. Masak selama kira-kira 5 minit, kacau sekali-sekala.
c) Taburkan jintan putih, ketumbar, kunyit, garam dan lada sulah di atas sayur-sayuran. Kacau rata untuk menyaluti sayur dengan rempah ratus.
d) Tuangkan sup sayur-sayuran dan biarkan adunan mendidih. Setelah mendidih, kecilkan api dan biarkan masak selama kira-kira 15-20 minit atau sehingga sayur-sayuran empuk.
e) Masukkan bihun atau pasta kecil ke dalam periuk dan masak mengikut arahan pakej sehingga al dente.
f) Laraskan perasa jika perlu dan biarkan sup mereneh selama 5 minit tambahan untuk membenarkan rasa sebati.
g) Hidangkan panas, dihiasi dengan pasli segar.

57. Sup Ikan Tomato Oman

BAHAN-BAHAN:
- 1 lada cili sederhana
- 1 sudu besar minyak sayuran
- 2 ulas bawang putih, cincang halus
- 4 cawan air
- 1 sachet Mee Ayam
- 1 tomato sederhana, dipotong dadu
- 300g fillet ikan raja, potong kiub kecil
- 1 sudu besar pasli segar

ARAHAN:
a) Dalam periuk sederhana, tumis cili dan bawang putih dalam minyak sayuran sehingga lembut.
b) Masukkan air dan biarkan mendidih.
c) Masukkan Mee Ayam, tomato potong dadu, dan kepingan ikan.
d) Reneh dengan api sederhana selama 5 minit, atau sehingga sup pekat dan ikan masak sepenuhnya.
e) Hidangkan sup dengan pasli segar dan hirisan lemon.

58. Kari Ikan Lemon Oman-Balochi (Paplo)

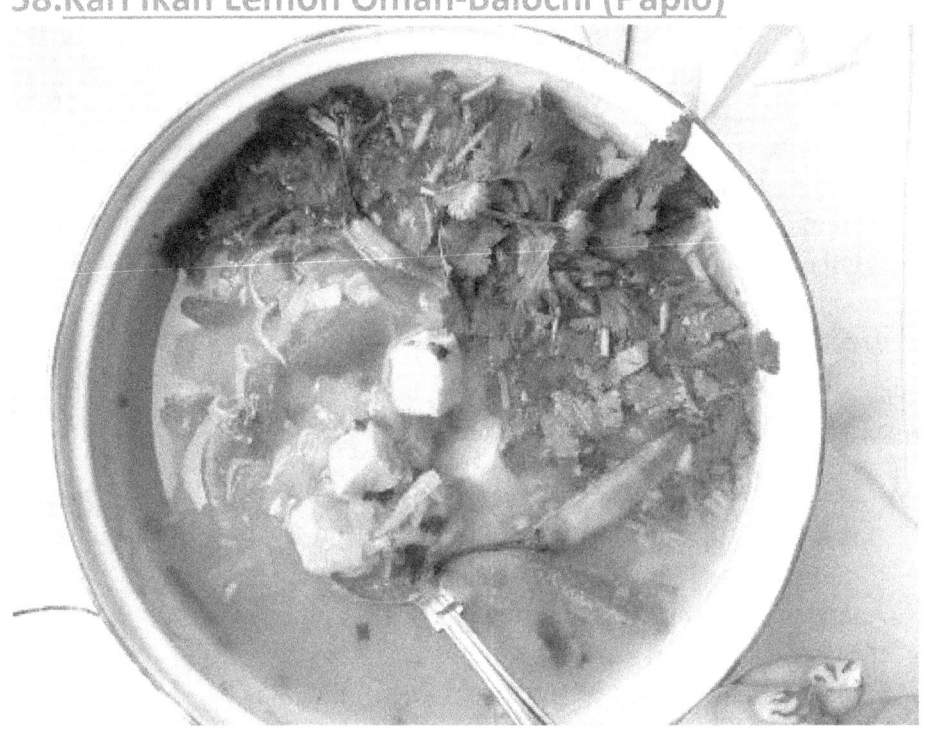

BAHAN-BAHAN:
- 1 sudu besar bawang putih
- 2 biji bawang besar, potong dadu kecil
- 650g ikan todak (atau alternatif, dipotong menjadi kepingan kecil)
- 1 sudu besar kunyit
- 2 tomato sederhana, dibelah empat
- Garam secukup rasa
- 80ml jus lemon (kira-kira 2.5 biji lemon)
- 1.5 liter air
- 1/2 sudu kecil Baharat
- 2 biji cili hijau segar, dihiris kasar
- Sekumpulan kecil ketumbar segar (kira-kira 30-40g), dicincang halus

ARAHAN:
a) Dalam kuali besar, satukan air, bawang putih, bawang besar, cili, tomato, Baharat, dan kunyit. Biarkan mendidih.
b) Apabila adunan mula menggelegak, masukkan ikan yang telah dicincang ke dalam kuali.
c) Reneh adunan sehingga ikan masak sepenuhnya.
d) Masukkan garam dan jus lemon, dan teruskan reneh pada api perlahan selama kira-kira 10 minit, membenarkan campuran untuk menguap sedikit sebanyak beberapa sentimeter.
e) Sebelum dihidangkan, masukkan ketumbar segar yang dicincang halus.

59. selada air dan kacang ayam dengan air mawar

BAHAN-BAHAN:
- 2 lobak merah sederhana (jumlah 9 oz / 250 g), potong dadu ¾ inci / 2cm
- 3 sudu besar minyak zaitun
- 2½ sudu kecil ras el hanout
- ½ sudu kecil kayu manis tanah
- 1½ cawan / 240 g kacang ayam masak, segar atau dalam tin
- 1 bawang sederhana, dihiris nipis
- 2½ sudu besar / 15 g halia segar yang dikupas dan dicincang halus
- 2½ cawan / 600 ml stok sayuran
- 7 oz / 200 g selada air
- 3½ oz / 100 g daun bayam
- 2 sudu kecil gula halus
- 1 sudu kecil air mawar
- garam
- Yogurt Yunani, untuk dihidangkan (pilihan)
- Panaskan ketuhar kepada 425°F / 220°C.

ARAHAN

a) Campurkan lobak merah dengan 1 sudu besar minyak zaitun, ras el hanout, kayu manis, dan secubit garam dan ratakan dalam kuali panggang yang dialas dengan kertas minyak. Letakkan dalam ketuhar selama 15 minit, kemudian masukkan separuh kacang ayam, kacau rata, dan masak selama 10 minit lagi, sehingga lobak merah lembut tetapi masih mempunyai gigitan.

b) Sementara itu, letakkan bawang dan halia dalam periuk besar. Tumis dengan baki minyak zaitun selama kira-kira 10 minit dengan api sederhana, sehingga bawang benar-benar lembut dan keemasan. Masukkan baki kacang ayam, stok, selada air, bayam, gula, dan ¾ sudu teh garam, kacau rata, dan biarkan mendidih. Masak selama satu atau dua minit, hanya sehingga daun layu.

c) Menggunakan pemproses makanan atau pengisar, blitz sup sehingga halus. Masukkan air mawar, kacau, rasa, dan tambah garam atau air mawar jika suka. Ketepikan sehingga lobak merah dan kacang ayam siap, kemudian panaskan semula untuk dihidangkan.

d) Untuk menghidangkan, bahagikan sup antara empat mangkuk dan atasnya dengan lobak merah panas dan kacang ayam dan, jika anda suka, kira-kira 2 sudu teh yogurt setiap bahagian.

60.Yogurt panas dan sup barli

BAHAN-BAHAN:
- 6¾ cawan / 1.6 liter air
- 1 cawan / 200 g barli mutiara
- 2 bawang sederhana, dicincang halus
- 1½ sudu teh pudina kering
- 4 sudu besar / 60 g mentega tanpa garam
- 2 biji telur besar, dipukul
- 2 cawan / 400 g yogurt Yunani
- ⅔ oz / 20 g pudina segar, dicincang
- ⅓ oz / 10 g pasli daun rata, dicincang
- 3 biji bawang hijau, hiris nipis
- garam dan lada hitam yang baru dikisar

ARAHAN

a) Didihkan air dengan barli dalam periuk besar, tambah 1 sudu teh garam, dan reneh sehingga barli masak tetapi masih al dente, 15 hingga 20 minit. Keluarkan dari api. Setelah masak, anda memerlukan 4¾ cawan / 1.1 liter cecair memasak untuk sup; tambahkan dengan air jika anda tinggal dengan lebih sedikit kerana penyejatan.

b) Semasa barli memasak, tumis bawang dan pudina kering dengan api sederhana dalam mentega sehingga lembut, kira-kira 15 minit. Tambah ini kepada barli yang dimasak.

c) Pukul bersama telur dan yogurt dalam mangkuk adunan kalis haba yang besar. Perlahan-lahan campurkan sedikit barli dan air, satu sudu pada satu masa, sehingga yogurt telah hangat. Ini akan meredakan yogurt dan telur dan menghalangnya daripada membelah apabila ditambah kepada cecair panas.

d) Masukkan yogurt ke dalam periuk sup dan kembalikan ke api sederhana, kacau berterusan, sehingga sup menjadi reneh yang sangat ringan. Keluarkan dari api, masukkan herba cincang dan bawang hijau dan semak perasa.

e) Hidangkan panas.

SALAD

61.Salad Makanan Laut Oman

BAHAN-BAHAN:
UNTUK SALAD:
- 500g daging ikan yu, masak dan potong dadu
- 1 cawan timun, potong dadu
- 1 cawan tomato, potong dadu
- 1/2 cawan bawang merah, dicincang halus
- 1/4 cawan ketumbar segar, dicincang
- 1/4 cawan pudina segar, dicincang
- 1 biji cili hijau, dihiris halus (sesuai selera)
- Garam dan lada sulah secukup rasa

UNTUK BERPAKAIAN:
- 3 sudu besar minyak zaitun
- 2 sudu besar jus lemon
- 1 sudu teh jintan kisar
- 1 sudu teh ketumbar kisar
- Garam dan lada sulah secukup rasa

ARAHAN:
a) Pastikan daging ikan yu dimasak dengan sempurna. Anda boleh memanggang, membakar atau merebusnya. Setelah masak, biarkan sejuk dan kemudian potong-potong seukuran gigitan.

b) Dalam mangkuk besar, gabungkan daging ikan yu yang dipotong dadu, timun, tomato, bawang merah, ketumbar, pudina dan cili hijau.

MEMBUAT PERSOALAN:
c) Dalam mangkuk kecil, pukul bersama minyak zaitun, jus lemon, jintan halus, ketumbar kisar, garam dan lada sulah.

HIMPUNKAN SALAD:
d) Tuangkan dressing ke atas bahan salad dan toskan perlahan-lahan sehingga semuanya bersalut dengan baik.

e) Sejukkan salad selama sekurang-kurangnya 30 minit untuk membolehkan rasa bercampur.

f) Sebelum dihidangkan, beri salad lambungan terakhir. Laraskan garam dan lada sulah jika perlu.

g) Hidangkan salad jerung yang diilhamkan oleh Oman dalam keadaan sejuk.

62. Salad Tomato dan Timun Oman

BAHAN-BAHAN:
- 4 biji tomato, potong dadu
- 2 timun, potong dadu
- 1 biji bawang merah, dihiris halus
- 1 cili hijau, dihiris halus
- Ketumbar segar, dicincang
- Jus 2 biji limau
- Garam dan lada sulah secukup rasa

ARAHAN:
a) Satukan tomato, timun, bawang merah, cili hijau, dan ketumbar dalam mangkuk.
b) Masukkan jus lemon, garam, dan lada sulah. Tos hingga sebati.
c) Sejukkan dalam peti ais selama sejam sebelum dihidangkan.

63.Salad Bayam dan Delima Oman

BAHAN-BAHAN:
- 4 cawan daun bayam segar
- 1 cawan biji delima
- 1/2 cawan keju feta, hancur
- 1/4 cawan walnut, dicincang
- Minyak zaitun
- Cuka balsamic
- Garam dan lada sulah secukup rasa

ARAHAN:
a) Susun daun bayam di atas pinggan hidangan.
b) Taburkan biji delima, keju feta, dan kenari cincang di atas bayam.
c) Siram dengan minyak zaitun dan cuka balsamic.
d) Perasakan dengan garam dan lada sulah. Tos perlahan-lahan sebelum dihidangkan.

64. Salad Chickpea Oman (Salatat Hummus)

BAHAN-BAHAN:
- 2 cawan kacang ayam masak
- 1 timun, potong dadu
- 1 biji tomato, potong dadu
- 1/2 biji bawang merah, dihiris halus
- 1/4 cawan pudina segar yang dicincang
- 1/4 cawan pasli segar yang dicincang
- Jus 1 lemon
- 2 sudu besar minyak zaitun
- Garam dan lada sulah, secukup rasa

ARAHAN:
a) Dalam mangkuk, satukan kacang ayam, timun, tomato, bawang merah, pudina dan pasli.
b) Siram dengan jus lemon dan minyak zaitun.
c) Perasakan dengan garam dan lada sulah.
d) Toskan salad dengan baik dan hidangkan sejuk.

65. Salad Tabbouleh Oman

BAHAN-BAHAN:
- 1 cawan gandum bulgur, direndam dalam air panas selama 1 jam
- 2 cawan pasli segar, dicincang halus
- 1 cawan daun pudina segar, dicincang halus
- 4 biji tomato, potong dadu halus
- 1 biji timun, potong dadu halus
- 1/2 cawan bawang merah, dicincang halus
- Jus 3 biji limau
- Minyak zaitun
- Garam dan lada sulah secukup rasa

ARAHAN:
a) Toskan bulgur yang telah direndam dan letakkan di dalam mangkuk besar.
b) Masukkan pasli cincang, pudina, tomato, timun, dan bawang merah.
c) Dalam mangkuk kecil, pukul bersama jus lemon dan minyak zaitun. Tuangkan ke atas salad.
d) Perasakan dengan garam dan lada sulah. Kacau rata dan sejukkan sekurang-kurangnya 30 minit sebelum dihidangkan.

66.Salad Fattoush Oman

BAHAN-BAHAN:
- 2 cawan campuran sayur-sayuran salad (salad, arugula, radicchio)
- 1 timun, potong dadu
- 2 biji tomato, potong dadu
- 1 lada benggala merah, dicincang
- 1/2 cawan lobak, dihiris
- 1/4 cawan daun pudina segar, dicincang
- 1/4 cawan pasli segar, dicincang
- 1/4 cawan minyak zaitun
- Jus 1 lemon
- 1 sudu teh sumac
- Garam dan lada sulah secukup rasa
- Roti pita, dibakar dan dipecahkan

ARAHAN:
a) Dalam mangkuk besar, gabungkan sayur-sayuran salad, timun, tomato, lada benggala, lobak, pudina dan pasli.
b) Dalam mangkuk kecil, pukul bersama minyak zaitun, jus lemon, sumac, garam dan lada.
c) Tuangkan dressing ke atas salad dan gaul hingga sebati.
d) Teratas dengan kepingan roti pita panggang sebelum dihidangkan.

67. Salad Kembang Kol, Kacang, dan Beras Oman

BAHAN-BAHAN:
UNTUK SALAD:
- 1 cawan beras basmati yang dimasak, disejukkan
- 1 kepala kecil bunga kobis, dipotong menjadi kuntum
- 1 tin (15 oz) kacang ginjal, toskan dan bilas
- 1/2 cawan pasli segar yang dicincang
- 1/4 cawan daun pudina segar dicincang
- 1/4 cawan hirisan bawang hijau

UNTUK BERPAKAIAN:
- 3 sudu besar minyak zaitun
- 2 sudu besar jus lemon
- 1 sudu teh jintan kisar
- 1 sudu teh ketumbar kisar
- Garam dan lada sulah secukup rasa

ARAHAN:
a) Panaskan ketuhar hingga 400°F (200°C).
b) Gaulkan bunga kobis bunga dengan sedikit minyak zaitun, garam dan lada sulah.
c) Sapukan di atas loyang dan panggang selama kira-kira 20-25 minit atau sehingga perang keemasan dan lembut. Biarkan ia sejuk.
d) Masak nasi basmati mengikut arahan pakej. Setelah masak, biarkan sejuk pada suhu bilik.
e) Dalam mangkuk kecil, pukul bersama minyak zaitun, jus lemon, jintan halus, ketumbar kisar, garam dan lada sulah. Sesuaikan perasa mengikut citarasa anda.
f) Dalam mangkuk salad yang besar, gabungkan nasi yang telah disejukkan, kembang kol panggang, kacang ginjal, pasli cincang, pudina cincang dan hirisan bawang hijau.
g) Tuangkan dressing ke atas bahan salad dan toskan perlahan-lahan sehingga semuanya bersalut.
h) Sejukkan salad selama sekurang-kurangnya 30 minit sebelum dihidangkan untuk membolehkan rasa bercampur.
i) Hidangkan sejuk dan hiaskan dengan herba segar tambahan jika dikehendaki.

68.Salad Kurma Oman dan Walnut

BAHAN-BAHAN:
- 1 cawan campuran sayur salad
- 1 cawan kurma, diadu dan dicincang
- 1/2 cawan walnut, dicincang
- 1/4 cawan keju feta, hancur
- Balsamic vinaigrette dressing

ARAHAN:
a) Susun sayur salad di atas pinggan hidangan.
b) Taburkan kurma cincang, walnut dan keju feta yang hancur di atas sayur-sayuran.
c) Siram dengan balsamic vinaigrette dressing.
d) Tos perlahan-lahan sebelum dihidangkan.

69. Lobak Oman dan Salad Oren

BAHAN-BAHAN:
- 4 cawan lobak merah yang dicincang
- 2 biji oren, kupas dan belah
- 1/4 cawan kismis
- 1/4 cawan pistachio cincang
- Pembalut vinaigrette oren

ARAHAN:
a) Dalam mangkuk besar, satukan lobak merah yang dicincang, bahagian oren, kismis dan pistachio.
b) Siram dengan dressing vinaigrette oren.
c) Kacau rata dan sejukkan sekurang-kurangnya 30 minit sebelum dihidangkan.

70. Salad Quinoa Oman

BAHAN-BAHAN:
- 1 cawan quinoa masak
- 1 cawan tomato ceri, dibelah dua
- 1 timun, potong dadu
- 1/2 cawan keju feta, hancur
- 1/4 cawan buah zaitun Kalamata, dihiris
- Oregano segar, dicincang
- Minyak zaitun
- Cuka wain merah
- Garam dan lada sulah secukup rasa

ARAHAN:
a) Dalam mangkuk besar, gabungkan quinoa yang telah dimasak, tomato ceri, timun, keju feta, buah zaitun dan oregano segar.
b) Siram dengan minyak zaitun dan cuka wain merah.
c) Perasakan dengan garam dan lada sulah. Tos perlahan-lahan sebelum dihidangkan.

71. Salad Ubi Ubi Oman dan Yogurt

BAHAN-BAHAN:
- 2 ubi bit bersaiz sederhana, direbus dan dipotong dadu
- 1 cawan yogurt
- 2 ulas bawang putih, dikisar
- Garam, secukup rasa
- Daun pudina dihiris untuk hiasan

ARAHAN:
a) Dalam mangkuk, campurkan ubi bit dan yogurt yang dipotong dadu.
b) Masukkan bawang putih dan garam kisar, kacau rata.
c) Hiaskan dengan daun pudina yang dihiris.
d) Sejukkan sebelum dihidangkan.

72.Salad Kubis Oman

BAHAN-BAHAN:
- 1 kobis kecil, dicincang halus
- 1 lobak merah, parut
- 1/2 cawan mayonis
- 1 sudu besar cuka putih
- 1 sudu besar gula
- Garam dan lada sulah, secukup rasa

ARAHAN:
a) Dalam mangkuk besar, satukan kubis yang dicincang dan lobak merah parut.
b) Dalam mangkuk yang berasingan, campurkan mayonis, cuka putih, gula, garam dan lada untuk membuat pembalut.
c) Tuangkan dressing ke atas adunan kobis dan gaul sehingga bersalut.
d) Sejukkan sebelum dihidangkan.

73.Salad Lentil Oman (Iklan Solat)

BAHAN-BAHAN:
- 1 cawan lentil coklat masak
- 1 timun, potong dadu
- 1 biji tomato, potong dadu
- 1 biji bawang merah, dihiris halus
- Ketumbar segar, dicincang
- Minyak zaitun
- Jus lemon
- jintan tanah
- Garam dan lada sulah, secukup rasa

ARAHAN:
a) Dalam mangkuk, satukan lentil yang telah dimasak, timun potong dadu, tomato potong dadu, dan bawang merah cincang.
b) Siram dengan minyak zaitun dan jus lemon.
c) Taburkan jintan putih, ketumbar segar, garam dan lada sulah.
d) Toskan salad perlahan-lahan dan hidangkan sejuk.

PENJERAHAN

74. Puding Air Mawar Oman (Mahalabiya)

BAHAN-BAHAN:
- 1/2 cawan tepung beras
- 4 cawan susu
- 1 cawan gula
- 1 sudu teh air mawar
- Pistachio cincang untuk hiasan

ARAHAN:
a) Dalam mangkuk, larutkan tepung beras dalam sedikit susu untuk menghasilkan pes yang licin.
b) Dalam periuk, panaskan baki susu dan gula dengan api sederhana.
c) Masukkan pes tepung beras ke dalam periuk, kacau berterusan sehingga adunan pekat.
d) Keluarkan dari api dan kacau dalam air mawar.
e) Tuangkan adunan ke dalam hidangan hidangan dan biarkan ia sejuk.
f) Setelah set, sejukkan sehingga sejuk.
g) Hiaskan dengan pistachio cincang sebelum dihidangkan.

75.Oman Halwa (Pencuci mulut Jeli Manis)

BAHAN-BAHAN:
- 1/2 cawan Tepung Jagung
- 2 cawan Air
- 1 cawan Gula Kastor
- 2 sudu besar Kacang Gajus, dicincang (atau badam atau pistachio)
- 1 sudu besar Mentega
- 1/4 sudu kecil Buah Pelaga Kisar
- 2 picit Air Mawar
- 1 secubit Benang Safron

ARAHAN:
a) Campurkan Tepung Jagung (1/2 cawan) dalam Air (2 cawan) dan ketepikan.
b) Dalam kuali berdasar berat, karamelkan Gula Caster (1 cawan). Kecilkan api dan masukkan air bancuhan tepung jagung. Pada mulanya, gula karamel mungkin menjadi keras, tetapi ia akan cair dan menjadi cecair licin apabila ia dipanaskan.
c) Kacau secara berterusan untuk mengelakkan berketul. Apabila adunan pekat, masukkan Kacang Gajus (2 sudu besar), Mentega (1 sudu besar), Buah Pelaga (1/4 sudu kecil), Air Mawar (2 picit), dan Benang Safron (1 picit).
d) Biarkan adunan menjadi pekat dan sehingga ia mula meninggalkan bahagian tepi kuali.
e) Matikan api. Halwa mungkin tidak menjadi pepejal serta-merta, tetapi ia akan menjadi pekat apabila ia sejuk.

76.Oman Mushaltat

BAHAN-BAHAN:
UNTUK doh:
- 4 cawan Tepung serba guna
- 1 sudu teh Garam
- 1 sudu besar Gula
- 1 sudu teh Serbuk Penaik
- 1 cawan Air Suam
- 1/2 cawan Susu
- 2 sudu besar Ghee, dicairkan

UNTUK PENGISIAN:
- 2 cawan Keju Putih (seperti Akkawi atau Halloumi), dicincang
- 1 cawan Parsley Segar, dicincang
- 1/2 cawan Bawang Hijau, dicincang
- 1/2 cawan Cilantro segar, dicincang
- 1/2 cawan Pudina Segar, dicincang
- 1/2 cawan Keju Feta, hancur
- 1 sudu teh Bijan Hitam (pilihan, untuk hiasan)

UNTUK BERUS:
- 2 sudu besar Ghee, dicairkan

ARAHAN:

SEDIAKAN doh:
a) Dalam mangkuk adunan besar, satukan tepung serba guna, garam, gula dan serbuk penaik.
b) Masukkan air suam dan susu secara beransur-ansur ke dalam bahan kering, kacau secara berterusan.
c) Uli doh sehingga menjadi licin dan elastik.
d) Tuangkan minyak sapi cair ke atas doh dan teruskan menguli sehingga sebati.
e) Tutup doh dengan kain lembap dan biarkan selama kira-kira 1 jam.

SEDIAKAN PENGISIAN:
f) Dalam mangkuk yang berasingan, campurkan bersama keju putih yang dicincang, pasli segar, bawang hijau, ketumbar, pudina dan feta hancur.

HIMPUNKAN MUSHALTAT:
g) Panaskan ketuhar hingga 200°C (392°F).
h) Bahagikan doh yang telah direhatkan kepada bahagian kecil. Gulung setiap bahagian menjadi bola.
i) Canai bebola doh ke dalam bulatan nipis di atas permukaan yang ditaburi tepung.
j) Letakkan sejumlah besar keju dan inti herba pada separuh bulatan doh.
k) Lipat separuh lagi doh di atas inti untuk membuat bentuk separuh bulatan. Tutup tepi dengan menekannya bersama-sama.
l) Letakkan Mushaltat yang dipasang pada lembaran pembakar.

BAKAR:
m) Sapu bahagian atas setiap Mushaltat dengan minyak sapi cair.
n) Secara pilihan, taburkan bijan hitam di atas untuk hiasan.
o) Bakar dalam ketuhar yang telah dipanaskan selama kira-kira 15-20 minit atau sehingga perang keemasan.
p) Setelah masak, biarkan Mushaltat sejuk sedikit sebelum dihidangkan.
q) Hidangkan hangat dan nikmati perisa Oman Mushaltat yang menarik!

77.Kek Kurma Oman

BAHAN-BAHAN:
- 2 cawan tepung serba guna
- 1 cawan mentega, dilembutkan
- 1 cawan gula
- 4 biji telur
- 1 cawan pes kurma
- 1 sudu teh buah pelaga yang dikisar
- 1 sudu kecil serbuk penaik
- 1/2 cawan kacang cincang (walnut atau badam)

ARAHAN:
a) Panaskan ketuhar hingga 350°F (175°C). Gris dan tepung kuali kek.
b) Dalam mangkuk, pukul bersama mentega dan gula sehingga ringan dan gebu.
c) Masukkan telur satu persatu, pukul sebati selepas setiap penambahan.
d) Campurkan pes kurma, buah pelaga yang dikisar, dan kacang cincang.
e) Ayak bersama tepung dan serbuk penaik, kemudian masukkan sedikit demi sedikit ke dalam adunan, gaul hingga sebati.
f) Tuangkan adunan ke dalam loyang kek yang telah disediakan.
g) Bakar selama kira-kira 40-45 minit atau sehingga pencungkil gigi yang dimasukkan ke dalam bahagian tengah keluar bersih.
h) Biarkan kek sejuk sebelum dihiris.

78.Puding Qamar al-Din Oman

BAHAN-BAHAN:
- 1 cawan pes aprikot kering (Qamar al-Din)
- 4 cawan air
- 1/2 cawan gula (sesuai selera)
- 1/4 cawan tepung jagung
- 1 sudu teh air bunga oren (pilihan)
- Kacang cincang untuk hiasan

ARAHAN:
a) Dalam periuk, larutkan pes aprikot dalam air dengan api sederhana.
b) Masukkan gula dan kacau sehingga larut.
c) Dalam mangkuk yang berasingan, campurkan tepung jagung dengan sedikit air untuk menghasilkan pes yang licin.
d) Masukkan pes tepung jagung secara beransur-ansur ke dalam campuran aprikot, kacau berterusan sehingga ia pekat.
e) Keluarkan dari api dan kacau dalam air bunga oren jika digunakan.
f) Tuangkan adunan ke dalam hidangan hidangan dan biarkan ia sejuk.
g) Sejukkan sehingga set.
h) Hiaskan dengan kacang cincang sebelum dihidangkan.

79. Puding Beras Pelaga

BAHAN-BAHAN:
- 1 cawan beras basmati
- 4 cawan susu
- 1 cawan gula
- 1 sudu teh buah pelaga yang dikisar
- 1/2 cawan kismis
- Badam cincang untuk hiasan

ARAHAN:
a) Bilas beras basmati dan masak sehingga hampir masak.
b) Dalam periuk berasingan, panaskan susu dan gula dengan api sederhana, kacau sehingga gula larut.
c) Masukkan nasi separa masak ke dalam adunan susu.
d) Masukkan buah pelaga yang telah dikisar dan masukkan kismis.
e) Masak dengan api perlahan sehingga nasi masak sepenuhnya dan adunan menjadi pekat.
f) Keluarkan dari haba dan biarkan ia sejuk.
g) Sejukkan sehingga sejuk.
h) Hiaskan dengan badam cincang sebelum dihidangkan.

80.Oman Luqaimat (Ladu Manis)

BAHAN-BAHAN:
- 2 cawan tepung serba guna
- 1 sudu besar gula
- 1 sudu teh yis
- 1 cawan air suam
- Minyak untuk menggoreng
- Biji bijan dan madu untuk hiasan

ARAHAN:
a) Dalam mangkuk, campurkan tepung, gula, yis, dan air suam untuk membentuk adunan yang licin. Biarkan ia mengembang lebih kurang 1-2 jam.
b) Panaskan minyak dalam kuali yang dalam.
c) Dengan menggunakan sudu, titiskan bahagian kecil adunan ke dalam minyak panas untuk membentuk ladu kecil.
d) Goreng hingga perang keemasan.
e) Keluarkan dari minyak dan toskan pada tuala kertas.
f) Siram dengan madu dan taburkan bijan sebelum dihidangkan.

81. Kuki Mawar Oman (Qurabiya)

BAHAN-BAHAN:
- 2 cawan semolina
- 1 cawan minyak sapi, cair
- 1 cawan gula tepung
- 1 sudu teh air mawar
- Pistachio cincang untuk hiasan

ARAHAN:

a) Dalam mangkuk, campurkan semolina, minyak sapi cair, gula tepung, dan air mawar untuk membentuk doh.
b) Bentukkan doh menjadi biskut kecil.
c) Letakkan biskut di atas loyang.
d) Bakar dalam ketuhar yang telah dipanaskan pada 350°F (175°C) selama kira-kira 15-20 minit atau sehingga kekuningan.
e) Hiaskan dengan pistachio cincang dan biarkan ia sejuk sebelum dihidangkan.

82. Pisang Oman dan Tart Kurma

BAHAN-BAHAN:
- 1 helai puff pastry siap
- 3 biji pisang masak, dihiris
- 1 cawan kurma, diadu dan dicincang
- 1/2 cawan madu
- Kacang cincang untuk hiasan

ARAHAN:
a) Canai lembaran puff pastry dan letak dalam kuali tart.
b) Susun hirisan pisang dan kurma yang dihiris pada pastri.
c) Siramkan madu ke atas buah-buahan.
d) Bakar dalam ketuhar yang telah dipanaskan pada 375°F (190°C) selama kira-kira 20-25 minit atau sehingga pastri berwarna keemasan.
e) Hiaskan dengan kacang cincang sebelum dihidangkan.

83. Aiskrim Saffron Oman

BAHAN-BAHAN:
- 2 cawan krim berat
- 1 cawan susu pekat
- 1/2 cawan gula
- 1 sudu kecil benang kunyit, rendam dalam air suam
- Pistachio cincang untuk hiasan

ARAHAN:
a) Dalam mangkuk, pukul krim kental sehingga puncak kaku terbentuk.
b) Dalam mangkuk yang berasingan, campurkan susu pekat, gula, dan air yang diselitkan kunyit.
c) Masukkan campuran susu pekat perlahan-lahan ke dalam krim putar.
d) Pindahkan campuran ke dalam bekas dan beku selama sekurang-kurangnya 4 jam.
e) Hiaskan dengan pistachio cincang sebelum dihidangkan.

84. Karamel Krim Oman (Muhallabia)

BAHAN-BAHAN:
- 1/2 cawan tepung beras
- 4 cawan susu
- 1 cawan gula
- 1 sudu teh air mawar
- 1 sudu teh air bunga oren
- Pistachio cincang untuk hiasan

ARAHAN:
a) Dalam periuk, larutkan tepung beras dalam sedikit susu untuk menghasilkan pes yang licin.
b) Dalam periuk berasingan, panaskan baki susu dan gula dengan api sederhana.
c) Masukkan pes tepung beras ke dalam adunan susu, kacau berterusan sehingga adunan pekat.
d) Angkat dari api dan kacau dalam air mawar dan air bunga oren.
e) Tuangkan adunan ke dalam hidangan hidangan dan biarkan ia sejuk.
f) Sejukkan sehingga set.
g) Hiaskan dengan pistachio cincang sebelum dihidangkan.

MINUMAN

85. Kashmir Kahwa

BAHAN-BAHAN:
- 4 cawan air
- 4-5 biji buah pelaga hijau, dihancurkan
- 4-5 ulas keseluruhan
- 1 batang kayu manis
- 1 sudu teh halia segar parut halus
- 2 sudu besar daun teh hijau
- Secubit helai kunyit
- 4-5 biji badam, dicelur dan dihiris
- 4-5 pistachio, dicincang
- Madu atau gula secukup rasa

ARAHAN:
a) Dalam periuk, masak 4 cawan air hingga mendidih.
b) Masukkan buah pelaga hijau, ulas keseluruhan, batang kayu manis, dan halia segar parut halus ke dalam air mendidih.
c) Biarkan rempah mendidih selama 5-7 minit untuk menyelitkan rasa mereka ke dalam air.
d) Kecilkan api dan masukkan daun teh hijau ke dalam air berempah.
e) Biarkan teh curam selama kira-kira 2-3 minit. Berhati-hati untuk tidak terlalu curam untuk mengelakkan kepahitan.
f) Tambah secubit helai kunyit ke dalam teh, membolehkan ia memberikan warna cerah dan rasa yang halus.
g) Kacau dalam badam yang dicelur dan dihiris serta pistachio yang dicincang.
h) Maniskan Kashmiri Kahwa dengan madu atau gula mengikut pilihan anda. Kacau rata hingga larut.
i) Tapis Kashmiri Kahwa ke dalam cawan atau mangkuk kecil untuk mengeluarkan daun teh dan rempah keseluruhan.
j) Hidangkan teh panas dan hiaskan dengan kacang tambahan jika dikehendaki.

86.Oman Sherbat

BAHAN-BAHAN:
- 1 liter Susu
- 1 cawan Gula
- 1/2 cawan Krim
- Sedikit titis Esen Vanila
- 1 sudu teh Badam Hiris
- 1 sudu teh Pistachio Hiris
- 1 sudu besar Vanila Custard
- 1 secubit Safron

ARAHAN:
a) Dalam periuk, rebus susu.
b) Masukkan gula, krim, esen vanila, kastard vanila, kunyit, hirisan badam, dan hirisan pistachio ke dalam susu mendidih.
c) Masak adunan dengan api perlahan sehingga susu pekat. Kacau secara berterusan untuk mengelakkan melekat pada bahagian bawah.
d) Keluarkan periuk dari api dan biarkan sherbat sejuk ke suhu bilik.
e) Setelah sejuk, masukkan adunan ke dalam peti sejuk untuk menyejukkan dengan sempurna.
f) Oman Sherbat kini sedia untuk dihidangkan.
g) Tuangkan sherbat sejuk ke dalam gelas dan hiaskan dengan hirisan badam dan pistachio tambahan jika dikehendaki.

87. Limau Pudina Oman (Limon dengan Nana)

BAHAN-BAHAN:
- 4 biji lemon, dijus
- 1/2 cawan gula
- 6 cawan air
- Daun pudina segar
- kiub ais

ARAHAN:
a) Dalam periuk, campurkan jus lemon dan gula sehingga gula larut.
b) Masukkan air dan kacau rata.
c) Hancurkan beberapa helai daun pudina dan masukkan ke dalam periuk.
d) Sejukkan sekurang-kurangnya 1 jam.
e) Hidangkan di atas kiub ais, dihiasi dengan daun pudina segar.

88. Oman Sahlab

BAHAN-BAHAN:
- 2 cawan susu
- 2 sudu besar serbuk sahlab (akar orkid tanah)
- 2 sudu besar gula
- 1/2 sudu teh kayu manis tanah
- Pistachio dihancurkan untuk hiasan

ARAHAN:
a) Dalam periuk, panaskan susu dengan api sederhana.
b) Dalam mangkuk kecil, campurkan serbuk sahlab dengan sedikit susu sejuk untuk membentuk pes yang licin.
c) Masukkan pes sahlab dan gula ke dalam susu suam, kacau berterusan sehingga ia pekat.
d) Keluarkan dari haba dan biarkan ia sejuk.
e) Tuangkan ke dalam cawan hidangan, taburkan dengan kayu manis tanah, dan hiaskan dengan pistachio yang dihancurkan.

89.Jus Tamarind Oman (Tamar Hindi)

BAHAN-BAHAN:
- 1 cawan pes asam jawa
- 4 cawan air
- Gula (pilihan, secukup rasa)
- kiub ais
- Daun pudina untuk hiasan

ARAHAN:
a) Campurkan pes asam jawa dengan air dalam periuk.
b) Maniskan dengan gula jika mahu.
c) Kacau rata sehingga pes asam jawa larut sepenuhnya.
d) Sejukkan sekurang-kurangnya 1 jam.
e) Hidangkan di atas kiub ais, dihiasi dengan daun pudina.

90. Oman Rosewater Lemonade

BAHAN-BAHAN:
- 4 biji lemon, dijus
- 1/4 cawan gula (sesuai selera)
- 4 cawan air sejuk
- 1 sudu besar air mawar
- kiub ais
- Kelopak bunga ros segar untuk hiasan

ARAHAN:
a) Dalam periuk, satukan jus lemon dan gula yang baru diperah.
b) Masukkan air sejuk dan kacau sehingga gula larut.
c) Kacau dalam air mawar.
d) Sejukkan sekurang-kurangnya 1 jam.
e) Hidangkan di atas kiub ais dan hiaskan dengan kelopak bunga ros segar.

91.Oman Jallab

BAHAN-BAHAN:
- 1 cawan molase anggur (dibs)
- 4 cawan air
- 1 sudu besar air mawar
- kiub ais
- Kacang pain dan pistachio cincang untuk hiasan
- Kismis untuk hidangan

ARAHAN:
a) Campurkan molase anggur dengan air dalam periuk.
b) Masukkan air mawar dan kacau rata.
c) Sejukkan sekurang-kurangnya 1 jam.
d) Hidangkan di atas kiub ais, dihiasi dengan kacang pain dan pistachio cincang.
e) Secara pilihan, tambah kismis pada setiap hidangan.

92. Susu Saffron Oman (Haleeb al-Za'fran)

BAHAN-BAHAN:
- 2 cawan susu
- 1/4 sudu kecil benang kunyit, rendam dalam air suam
- 2 sudu besar madu (sesuai selera)
- Kayu manis dikisar untuk hiasan

ARAHAN:
a) Panaskan susu dalam periuk sehingga suam.
b) Masukkan air yang direndam kunyit dan madu, kacau rata.
c) Tuang ke dalam cawan hidangan.
d) Hiaskan dengan taburan kayu manis tanah.
e) Hidangkan hangat.

93. Smoothie Kurma Pisang Oman

BAHAN-BAHAN:
- 2 biji pisang masak
- 1/2 cawan kurma, diadu dan dicincang
- 1 cawan yogurt
- 1 cawan susu
- Madu (pilihan, secukup rasa)
- kiub ais

ARAHAN:
a) Dalam pengisar, satukan pisang masak, kurma cincang, yogurt dan susu.
b) Kisar hingga sebati.
c) Maniskan dengan madu jika mahu.
d) Masukkan kiub ais dan gaul lagi.
e) Tuangkan ke dalam gelas dan hidangkan sejuk.

94. Mocktail Delima Oman

BAHAN-BAHAN:
- 1 cawan jus delima
- 1/2 cawan jus oren
- 1/4 cawan jus lemon
- Air Soda
- Gula (pilihan, secukup rasa)
- kiub ais
- Hirisan oren untuk hiasan

ARAHAN:
a) Dalam periuk, campurkan jus delima, jus oren, dan jus lemon.
b) Maniskan dengan gula jika mahu.
c) Isikan gelas dengan ketulan ais.
d) Tuangkan campuran jus ke atas ais.
e) Teratas dengan air soda.
f) Hiaskan dengan hirisan oren.

95.Lemonade Saffron Oman

BAHAN-BAHAN:
- 4 biji lemon, dijus
- 1/4 sudu kecil benang kunyit, rendam dalam air suam
- 1/2 cawan gula (sesuai selera)
- 4 cawan air sejuk
- kiub ais
- Daun pudina segar untuk hiasan

ARAHAN:
a) Dalam periuk, satukan jus lemon yang baru diperah, air yang diselitkan kunyit, dan gula.
b) Masukkan air sejuk dan kacau sehingga gula larut.
c) Sejukkan sekurang-kurangnya 1 jam.
d) Hidangkan di atas kiub ais dan hiaskan dengan daun pudina segar.

96. Goncang Kurma Kayu Manis Oman

BAHAN-BAHAN:
- 1 cawan kurma, diadu dan dicincang
- 2 cawan susu
- 1/2 sudu teh kayu manis tanah
- Madu (pilihan, secukup rasa)
- kiub ais

ARAHAN:
a) Dalam pengisar, satukan kurma cincang, susu, dan kayu manis yang dikisar.
b) Kisar hingga sebati.
c) Maniskan dengan madu jika mahu.
d) Masukkan kiub ais dan gaul lagi.
e) Tuangkan ke dalam gelas dan hidangkan sejuk.

97.Oman Coconut Cardamom Shake

BAHAN-BAHAN:
- 1 cawan santan
- 1 cawan yogurt biasa
- 1/2 sudu teh buah pelaga kisar
- Gula atau madu (sesuaikan dengan rasa)
- kiub ais
- Serpihan kelapa bakar untuk hiasan

ARAHAN:
a) Dalam pengisar, satukan santan, yogurt biasa, buah pelaga yang dikisar dan pemanis.
b) Kisar sehingga sebati.
c) Masukkan kiub ais dan gaul lagi.
d) Tuangkan ke dalam gelas dan hiaskan dengan serpihan kelapa bakar.

98. Teh Hijau Minty Oman

BAHAN-BAHAN:
- 2 uncang teh hijau
- 4 cawan air panas
- 1/4 cawan daun pudina segar
- Gula atau madu (sesuaikan dengan rasa)
- kiub ais
- hirisan lemon untuk hiasan

ARAHAN:
a) Uncang teh hijau curam dalam air panas selama kira-kira 3-5 minit.
b) Masukkan daun pudina segar ke dalam teh panas.
c) Maniskan dengan gula atau madu dan kacau rata.
d) Biarkan teh sejuk, kemudian sejukkan.
e) Hidangkan di atas kiub ais, dihiasi dengan hirisan lemon.

99.Teh Ais Bunga Oman Oman

BAHAN-BAHAN:
- 4 uncang teh hitam
- 4 cawan air panas
- 1/4 cawan air bunga oren
- Gula atau madu (sesuaikan dengan rasa)
- kiub ais
- Hirisan oren untuk hiasan

ARAHAN:
a) Uncang teh hitam curam dalam air panas selama kira-kira 3-5 minit.
b) Masukkan air bunga oren dan maniskan dengan gula atau madu.
c) Kacau rata dan biarkan teh sejuk, kemudian sejukkan.
d) Hidangkan di atas kiub ais, dihiasi dengan kepingan oren.

100. Penyejuk Pudina Delima Oman

BAHAN-BAHAN:
- 1 cawan jus delima
- 1/2 cawan daun pudina segar
- 1 sudu besar madu
- 4 cawan air sejuk
- kiub ais
- Aril buah delima untuk hiasan

ARAHAN:
a) Dalam pengisar, satukan jus delima, daun pudina segar, dan madu.
b) Kisar sehingga pudina dicincang halus.
c) Tapis adunan ke dalam periuk.
d) Masukkan air sejuk dan kacau rata.
e) Sejukkan sekurang-kurangnya 1 jam.
f) Hidangkan di atas kiub ais dan hiaskan dengan aril delima.

KESIMPULAN

Semasa kami mengakhiri penerokaan "Rasa oman yang kaya" kami merakamkan rasa terima kasih yang tulus kerana menyertai kami dalam pengembaraan kulinari ini melalui landskap gastronomi Kesultanan yang meriah. Kami berharap resipi ini bukan sahaja memikat selera anda tetapi juga memberikan gambaran ke dalam hati dan jiwa budaya Oman.

Buku masakan ini lebih daripada kompilasi resipi; ia adalah satu penghormatan kepada keaslian masakan Oman dan orang-orang yang bermurah hati berkongsi warisan masakan mereka. Sambil anda menikmati hidangan terakhir hidangan ini, kami menggalakkan anda untuk membawa semangat perisa Oman ke dalam dapur anda sendiri, mewujudkan jambatan antara budaya dan memupuk penghargaan terhadap tradisi masakan yang kaya di negara yang indah ini.

Semoga kenangan yang dicipta di sekitar resipi ini kekal seperti tradisi berabad-abad yang memberi inspirasi kepada mereka. Terima kasih kerana menjadikan "Rasa oman yang kaya" sebagai sebahagian daripada perjalanan kulinari anda. Sehingga laluan kita bertembung lagi dalam dunia penemuan yang lazat, selamat memasak dan "bil hana wa shifa" (untuk kesihatan dan kebahagiaan anda)!

www.ingramcontent.com/pod-product-compliance
Lightning Source LLC
Chambersburg PA
CBHW071328110526
44591CB00010B/1067